南昌航空大学学术文库
国家自然科学基金项目（71563030）
南昌航空大学科研成果专项资助基金资助出版

农产品冷链物流碳减排的机理、路径与策略研究

周叶 郑家文 ◎ 著

中国财经出版传媒集团

经济科学出版社

Economic Science Press

图书在版编目（CIP）数据

农产品冷链物流碳减排的机理、路径与策略研究/周叶，郑家文著 . —北京：经济科学出版社，2019.8

ISBN 978 - 7 - 5218 - 0744 - 8

Ⅰ.①农…　Ⅱ.①周…②郑…　Ⅲ.①家产品 - 冷冻食品 - 物流管理 - 节能减排 - 研究 - 中国　Ⅳ.①F252.8

中国版本图书馆 CIP 数据核字（2019）第 161493 号

责任编辑：刘　丽
责任校对：刘　昕
责任印制：邱　天

农产品冷链物流碳减排的机理、路径与策略研究

周　叶　郑家文　著

经济科学出版社出版、发行　新华书店经销

社址：北京市海淀区阜成路甲 28 号　邮编：100142

总编部电话：010 - 88191217　发行部电话：010 - 88191522

网址：www. esp. com. cn

电子邮件：esp@ esp. com. cn

天猫网店：经济科学出版社旗舰店

网址：http://jjkxcbs. tmall. com

北京季蜂印刷有限公司印装

710×1000　16 开　13 印张　220000 字

2019 年 8 月第 1 版　2019 年 8 月第 1 次印刷

ISBN 978 - 7 - 5218 - 0744 - 8　定价：68.00 元

（图书出现印装问题，本社负责调换。电话：010 - 88191510）

（版权所有　侵权必究　打击盗版　举报热线：010 - 88191661

QQ：2242791300　营销中心电话：010 - 88191537

电子邮箱：dbts@ esp. com. cn）

前言

由于农产品冷链物流需要消耗大量的石化能源保持全程低温，因而会排放出大量的温室气体和污染物，这严重制约了当前所倡导的低碳经济和生态文明建设的发展。因此，迫切需要研究出更有效的方式和方法来减少农产品冷链物流的碳排放量，从而推动农产品冷链物流的低碳可持续发展，进而从源头上来防止生态环境的恶化。农产品冷链物流的低碳可持续发展对于建立完善高效、畅通、安全、有序的农产品流通体系，保障农产品市场供应和价格稳定，推动节能减排和生态文明建设等方面有着重要的意义。因此，本书主要从微观层面来研究农产品冷链物流企业碳减排的机理、路径、减排策略等现实问题，主要包括以下内容。

（1）运用生命周期法研究农产品冷链物流的碳足迹计算问题。本书分析了电商模式下农产品冷链物流运作各环节的碳排放特征；构建了农产品冷链物流运作各环节碳足迹的计算模型。首先，该模型分别根据农产品冷链物流的预冷、采购、冷藏、订单总配送、单个订单配送这五个环节的碳排放特性，构建了各个环节碳排放量的计算公式；其次，选取1吨新鲜桃子的冷链物流为研究对象，对其模型进行了实证分析。

（2）运用路径分析模型分析了农产品冷链物流碳减排的机理。本书基于已有的研究阐述了影响农产品冷链物流碳排放的主要因素，提出各影响因素与碳排放之间关系的研究假设，进而构造路径分析模型，通过数据收集和分析，检验了相关研究假设，分析了各影响因素对碳排放的影响程度，在此基础上剖析了农产品冷链物流碳排放影响机理。本书研究发现能源消耗总量直接影响碳排放量，而运输距离和运输方式则是通过能源消耗总量间接影响碳排放。

（3）分别从精益物流、大数据、物联网角度来探索农产品冷链物流碳减排的路径。主要包括物流企业如何运用精益物流、大数据、物联网方法和技术来实现其物流作业的碳减排，从而探索并创新不同冷链物流企业的碳减排路径。

（4）研究了农产品冷链物流企业的碳减排技术采纳行为。首先，运用 TOE（Technology – Organization – Environment）模型和因子分析方法综合分析了影响农产品冷链物流低碳技术采纳的因素；其次，运用演化博弈方法分析了农产品生产企业、物流企业与消费者三方主体的低碳行为动态演化过程；最后，运用微分博弈理论分析了政府的碳监管对农产品冷链物流采纳碳减排技术的影响。

（5）分析了基于系统动力学的农产品冷链物流碳减排策略。运用系统动力学方法构建农产品冷链物流碳排放的系统动力学模型，通过观察模型在不同参数和影响因素下的碳排放行为与趋势，从而把握农产品冷链物流的碳排放变化机理，在此基础上提出相应的碳减排对策。

本书有助于读者了解和熟悉农产品冷链物流企业碳足迹的核算与碳减排的路径、行为及对策等，理清农产品冷链物流企业碳减排的规律，为农产品冷链物流企业碳减排对策的制定和实施提供科学依据。本书也可以为相关领域的研究机构、物流行业协会和冷链物流企业提供决策参考，为相关研究人员提供素材借鉴。

本书的出版得到了国家自然科学基金项目（71563030）和南昌航空大学科研成果专项资助基金的资助，它建立在许多学者的研究成果基础之上，在此一并表示衷心的感谢！另外，还要感谢南昌航空大学的贾伟强教授、周玲元副教授和南京信息工程大学的彭本红教授，以及郭玲俊、张卉、杨洁、高阳、李政、廖建勤、徐卫华等同学对本书出版所作出的贡献；同时，还要特别感谢经济科学出版社的刘丽编辑在本书的立项、编辑、出版过程中的辛勤付出！

本书只是初步研究了农产品冷链物流碳减排的相关问题，还有大量内容需要深入挖掘和研究，由于学识有限，本书难免存在不足与疏漏，恳请广大读者批评指正！

第1章
绪　　论

1.1　研究背景与意义

1.1.1　温室气体排放引起的环境危机已引起国际社会高度重视

自18世纪工业革命以来，全球工业化程度日渐深入，经济高速发展、科技迅速崛起，人类的物质财富以史无前例的速度扩张。但是，这种经济社会发展模式是以使用化石燃料为基础，而化石能源的生产和消费都会排放大量的温室气体。温室气体（Green House Gas，GHG）是指任何会吸收和释放红外线辐射并存在大气中的气体，在《京都议定书》中规定控制的6种温室气体为：二氧化碳（CO_2）、甲烷（CH_4）、氧化亚氮（N_2O）、氢氟碳化合物（HFCs）、全氟碳化合物（PFCs）、六氟化硫（SF_6）。大量温室气体的排放对全球气候带来的最直接影响就是温室效应，这是由于温室气体具有吸热和隔热的功能，它在大气中增多的结果是形成一种无形的玻璃罩，使太阳辐射到地球上的热量无法向外层空间发散，其结果是地球表面变热起来。这就导致了全球气候变暖、极端天气的频繁出现；更令人担忧的是，由于气温升高，两极地区冰川融化，海平面升高，许多沿海城市、岛屿或低洼地区将面临海水上涨的威胁。

事实上，早在1896年瑞典物理化学家阿伦尼乌斯（Arrhenius，1896）就提出化石燃料将会增加大气中二氧化碳的浓度，从而导致全球变暖。但当时并未引起人们的重视，直到 20 世纪 50 年代后期，科学界才开始注意并研究全球气候变化与温室气体的关系。联合国政府间气候变化委员会（Intergovernmental Panel on Climate Change，IPCC）自 1990 年以来定期对气候变化的现状进行了五次评估，这五次评估报告用事实证明了全球气候变暖的现象，并且指出人为活动对全球气候变化的影响。2001 年第三次评估报告，对未来 100 年气候变化进行预测，认为气候变暖是毋庸置疑的。2014 第五次评估报告中，进一步确认了气候变暖的事实，并基于新的科学观测、更为完善的归因分析和气候系统模式模拟结果，进一步证实人类活动与全球气候变暖之间存在因果关系。越来越多的研究表明：全球性气候变暖是气候周期性波动和人类活动引起温室效应共同作用的结果，温室气体排放是全球气候变暖的主要因素。而在各种温室气体中，二氧化碳是最重要的一种，约占总量的三分之二以上，不仅所占比重较大，而且存活时间较长，在大气中的寿命为 $50 \sim 200$ 年。有科学家预测如果未来二氧化碳等温室气体的浓度进一步增加，地球表面温度的升高按现在的速度继续发展，到 2050 年全球温度将再上升 $2 \sim 4$ 摄氏度，南北极地冰山将大幅度融化，导致海平面持续上升，一些岛屿国家和沿海城市将淹于水中，其中包括几个著名的国际大城市：纽约、上海、东京和悉尼。

由于温室气体排放造成的各种环境危机具有持续性、不可逆转性，这使人类的生存与发展都受到了严重的制约与挑战，以二氧化碳为代表的温室气体的排放问题已经引起了各国政府的高度重视，国际社会已将气候变化列为全球十大环境问题之首，同时减缓气候变暖、减少二氧化碳等温室气体排放量也被作为世界需要共同攻克的难题列入议程。

1.1.2 国际社会积极推进温室气体减排和中国的践行

1962 年蕾切尔·卡逊（Rachel Carson，1962）发表的作品《寂静的春天》（*Silent Spring*）引发了美国以至于全世界的环境保护事业，拉开了环保运动的序幕。1972 年联合国大会设置了环境规划署以统筹国际环境问题，1983 年联合国成立了世界发展委员会，1995 年又成立了世界可持续发展工商理事会，以推进环保运动。1992 年，在巴西里约热内卢举行的联合国环境与发展大会通过了《联合国气候变化框架公约》（以下简称《公约》），正式确认了全球正在变暖。《公约》于 1994 年生效，其最终目标是"将大气中温室气体的浓度稳定在防止气候系统受到危险的人为干扰的水平上"。《公约》是世界上第一个为全面控制二氧化碳等温室气体的排放，应对全球气候变化给人类经济和社会带来不利影响的国际公约，也是国际社会在解决全球气候变化问题方面进行国际合作的一个基本框架。《公约》确定了"共同但有区别的责任"原则，为气候变化国际谈判制定了总体框架，得到了全球绝大多数国家的支持。据联合国的有关资料，截至 2009 年 12 月 4 日，已有 192 个国家批准了《公约》，这些国家被称为《公约》缔约方。此外，欧盟作为一个整体也是《公约》的一个缔约方。1997 年，《公约》第三方缔约方大会在日本京都举行。会议通过了《京都议定书》（以下简称《议定书》），为 37 个发达国家以及欧盟设立了强制性减排温室气体目标。截至 2009 年 12 月 4 日，已有 184 个《公约》缔约方签署议定书。议定书对 2008—2012 年第一承诺期发达国家的减排目标作出了具体规定，但没有规定 2012—2020 年第二承诺期发达国家的减排目标。议定书建立了旨在减排的 3 个灵活合作机制，允许发达国家通过碳交易市场等灵活完成减排任务，而发展中国家可以获得相关技术和资金。

根据《公约》和《议定书》的有关规定，中国作为发展中国家，没有义务减少或限制碳排放量。具体是由发达国家提供项目所需的资金和技术，通过项目所实现的核证减排量来履行发达国家所承诺的减少本国温室气体排放量的义务[1]。而中国作为一个负责任的发展中国家，中国政府对能源和气候变化问题给予高度重视，并作出了不懈的努力。2009 年 12 月，在哥本哈根举行的联合国气候大会变化框架公约第 15 次缔约方会议上签订的《哥本哈根协议》就发达国家实行强制减排及发展中国家采取自主减缓行动做出了安排，在此次会议上，我国政府承诺到 2020 年将碳排放强度在 2005 年水平上降低 40% ~ 45%；2010 年 12 月，在墨西哥坎昆召开的联合国气候大会上，发达国家和发展中国家在碳减排问题上虽未能达成共识，但中国代表团在会上提出，不管谈判进展如何，中国自己要在国内采取行动，到 2020 年完成碳强度减排 40% ~ 45% 的目标。为此，2009 年中国政府宣布了控制温室气体排放的量化行动目标。2014 年 5 月，国务院办公厅印发了《2014—2015 年节能减排低碳发展行动方案》，进一步硬化了节能减排降碳指标、量化任务、强化措施，对节能减排降碳工作提出了具体要求。2014 年 11 月 12 日，在北京亚洲太平洋经济合作组织（Asia - Pacific Economic Cooperation，APEC）会议举办期间，中国和美国达成了《中美气候变化联合声明》，中国承诺在 2030 年左右二氧化碳排放达到峰值且将努力早日达峰，并计划到 2030 年非化石能源占一次能源消费比重提高到 20% 左右。这是我国于 2009 年 12 月哥本哈根世界气候大会上，宣布 2020 年单位国内生产总值二氧化碳排放比 2005 年下降 40% ～45% 的目标以后，对世界的又一庄严承诺。能源与气候变化已经成为中央政府对各级地方政府考核的关键性指标[2]。

1.1.3　冷链物流行业是中国实现碳减排目标的关键领域之一

碳减排是世界各国面临的共同难题，中国是能源消费大国，同样也是碳排放大国，受到全球气候变暖的压力，中国面临的减排压力也越来越严峻，在《中美气候变化联合声明》中，我国承诺到 2030 年达到碳排放峰值点，实现较 2005 年二氧化碳排放下降 60% ～65%，可见节能减排形势之严峻、压力之巨大。物流行业是我国能源消耗的主要行业之一，尤其是对成品油的消耗，稳居各行业首位，全国 90% 以上的汽油和 60% 以上的柴油均被物流业所消耗。同时，物流业也是我国二氧化碳排放的主要来源之一，二氧化碳排放量占了全国碳排放总量的 18.9%，物流业是我国二氧化碳排放增长速度最快的行业之一，因此，控制物流行业二氧化碳排放量是我国的碳减排工作关键落脚点之一。

近年来，随着人们的收入水平逐步提高，生活质量也日益提高，人们对食品的消费需求由温饱型向营养调剂型转变，各种生鲜产品的需求量急剧增加，但由于生鲜产品具有易腐性，为了长时间的保持产品品质就必须使用冷链物流运输。人们消费观念的变化和产业发展的需求，为低温冷链物流行业的发展带来了广阔的市场，冷链物流行业规模逐步扩大。然而，在农产品冷链物流发展如此迅速的同时，不可避免地需要考虑其发展过程中高排放、高能耗的特征对生态环境所带来的影响。作为物流行业重要分支之一的冷链物流，由于其需要消耗大量的能源来保持全程低温，因而会排放出大量的温室气体和污染物，这严重制约了当前所倡导的低碳经济和生态文明建设的发展。2017 年中国二氧化碳排放量排放占全球总量的近 26%，中国的二氧化碳排放量已超过之前二氧化碳排放量最大的美国，成为全球二氧化碳排放量第一大国。因此，冷链物流行业的碳减排工作直接关系到中国能否顺利实现碳减排的目标。

1.2 国内外研究现状及述评

本节将对碳排放和冷链物流碳排放的相关研究成果和研究进展进行归纳、总结和述评。第一部分是关于物流企业碳排放核算研究的文献综述，其中包括碳排放核算方法和碳排放影响因素测算方法；第二部分是关于物流企业碳减排行为研究的文献综述，具体包括物流企业碳减排行为的影响因素研究和物流企业碳减排行为的具体路径研究；第三部分是关于物流企业碳减排策略研究的文献综述，主要包括碳税和碳交易方面政策。

1.2.1 物流企业碳排放核算研究

碳排放核算是低碳发展相关研究的现实基础，也是物流企业更好地开展碳减排工作的参考依据。国内外专家学者对物流碳排放核算的相关研究主要包括碳排放量核算方法选择和碳排放因子的分解分析，其中碳排放核算方法是核心所在。

1. 碳排放量核算方法

国内外的碳排放核算体系从分析主题来说，可以分为两部分：一部分是基于国家或区域的核算；另外一部分是基于产品、企业，以及某个项目的核算。事实上，基于国家或区域的核算就是通常大家熟知的 IPCC 清单法，是由世界气象组织（World Meteorological Organization，WMO）和联合国环境规划署（United Nations Environment Programme，UNEP）在 1988 年共同建立的政府间气候变化专门委员会，对联合国和 WMO 的所有成员方开放，目前已有 195 个成员方，定期为决策者提供气候变化科学基础知识、气候变化影响与未来风险、适应与减缓方案的评估报告，尝试从科学与政治两个角度推进碳排放领域的研究与实践，以达到各国政府合作减少碳排放的目的。1994 年 IPCC 公布了《国家温室气体清单指南》（以下简称《指南》）[3]。《指南》中采集的数据有两种，即活动数据和排放系数，某一活动的碳排放量是用其活动数据乘以相对应的排放系数计算得到的，并且《指南》中提供了各种不同排放系数的默认值[4]。这种核算方法是当前被广泛认可的最具权威性的核算碳排放方法。

基于产品与企业的核算方法又被称为碳足迹核算。对某一产品，核算其碳排放，是对该产品整个生命周期内涉及的碳排放进行核算，其中由英国标准协会、英国碳信托有限公司和英国环境、食品与农村事务部联合制定的 PAS 2050 标准，是目前最完整的公共可用规范。基于企业的碳核算公认的方法指南是《温室气体协议：企业核算和报告准则》，简称为"企业核算 GHG（Greenhouse Gases，温室气体）协议"；基于项目的核算通常所指的是清洁发展机制（Clean Development Mechanism，CDM），也就是发达国家通过 CDM 能够从发展中国家实施的减排或碳吸收项目中取得经过验证的减排量（Certified Emission Reductions）[5]。对比两种核算方法体系各有优势，现有研究中，往往是根据不同的研究对象综合运用不同的核算方法。我国国内碳排放量数据尚缺乏正式的官方统计。现有研究中的碳排放数据都是通过估算得到的，且根据不同的研究对象主要采用国际上主流的两种核算体系。下面介绍国内外运用这两种核算体系所做的研究。

刘竹等（2011）参照 IPCC 温室气体排放清单编制方法，将能源消费碳排放核算方法分为 3 种核算方式：①基于能源平衡表的能源消费碳排放核算；②基于一次能源消费量的能源消费碳排放核算；③基于终端能源消费量的能源消费碳排放核算，并分别根据 3 种能源消费核算方法构建城市能源消费碳排放核算体系。以北京市为案例对比不同方法的能源消费碳排放核算结果[6]。孙建卫等（2010）基于 IPCC 温室气体清单方法，对 1995—2005 年中国各行业的相关统计数据的碳排放进行了核算，发现工业部门对碳排放总量和碳排放强度的变化起决定作用，因此工业部门是实现碳减排的关键[7]。彼得（Peter，2016）等使用 IPCC 清单法与 GHG 的排放量估算施肥和土壤碳的变化对农产品碳足迹领域进行了核算[8]。李肖如等（2016）系统梳理了 IPCC 及我国国家和地方层面（上海市、天津市）的钢铁行业碳核算方法，分析了方法特点、核算边界及排放因子的选择，并进行了实例分析[9]。王海鲲等（2011）将城市温室气体排放源分成工业能源、交通能源、居民生活能源、商业能源、工业过程和废物 6 个单元，建立了一套针对城市的温室气体排放核算方法体系，并以无锡市为例，对我国城市碳排放特征进行了分析[10]。沈杨等（2017）建立了基于生命周期的酒店业碳排放核算框架和低碳指标，并以宁波市为案例城市，对其 3 种类型的酒店进行碳排放核算和低碳指标的分析[11]。史祎馨（2014）利用 PAS 2050 规范，构建了适用于第三方物流服务公司的物流业务碳足迹模型和测算方法[12]。森（Sen，2013）构建了钢铁工业生命周期的 GHG 碳排放核算模型，认为与生命周期分析相关的碳排放核算对于实现碳减排具有重要意义[13]。冯文艳等（2014）以印染企业产品碳足迹核算为例，采用产品碳足迹生命周期评价（Life Cycle Assessment，LCA）法分析纺织服装产品工业碳足迹核算中分配的原因[14]。利普托和詹森（Liptow & Janssen，2018）以生命周期理论为基础，使用最近提出的气候影响评估方法对生物基础产品进行评估，讨论不同生命周期过程当中的碳排放[15]。

总体来看，国外学者对碳排放的核算更多地偏向于产品和企业的核算，并且重视核算体系与标准的研究；而国内学者关于碳排放核算的研究大多基于国家、区域或产业的核算，这是因为国内的研究大部分是基于现有的国家和相关机构发布的二手统计资料，而对于企业或者产品碳核算过程中的第一手数据资料则相对比较难以收集，所以导致国内针对具体产品、企业的碳排放核算研究较少。

2. 碳排放的影响因素测算方法

碳排放的影响因素研究对后续碳减排的研究有着至关重要的作用，本书给出了当前中国碳排放量影响因素的主流测算方法和主要的研究结果，对各类研究方法进行梳理和归纳。

（1）情景分析法。情景分析法在低碳城市的政策制定和发展战略研究领域被广泛应用，发挥了重要的预测分析工具作用。以情景分析法为基础的研究多基于人为设定不同情景及相应参数的方式开展预测，根据经济、社会、能源利用等的历史发展规律及未来政策导向、发展走势等设定情景分析的相关条件，探讨低碳城市发展可能的能源需求和碳排放状况，最后根据预测的多种可能给出相应的改善环境管理的计划行动。余艳春（2007）[16]和娄伟（2012）[17]将情景分析法应用到交通规划和能源规划中。朱婧（2016）等基于河北省全域的数据资料和实地调查，核算了河北省下辖 11 个地级市能源活动引起的碳排放，分析了 2005—2013 年碳排放的时空演化规律，以情景分析方法为基础，预测了河北省到 2030 年的碳排放状况[18]。情景分析法研究的实质是构建了一套中长期战略预测的框架，基于现实情况或可预见到的未来发展趋势，预测未来情形和发展过程的一系列方案，即通过模型模拟，分析不同低碳情景的经济社会环境影响[19][20][21]。

当前国际上对国家碳排放量的统计，基本上是按照国家总能耗及累计能耗来估计。对能源需求量的碳排放量的估算使用单位产值能耗法预测。

单位产值能耗法的估算公式为

$$E_t = E_0 \left[(1 - m)^t (1 + n)^t \right] \tag{1-1}$$

式中：E_t 为第 t 年能源需求量预测值；E_0 为基年能源消费量；m 为年度单位国民生产总值（Gross Domestic Product，GDP）节能率；n 为 GDP 增长速度。

碳排放情景分析法认为，影响中国的碳排放总量的因素主要是经济增长（以 GDP 增长率）、能源结构调整和能耗及碳减排率。该理论的分析方法是：将过去精确的某年作为基年，设定基年的我国的碳排放总量为 a_0，假设第一年的 GDP 年增长率为 m_1，清洁能源在总能源消耗中的占比 p_1，能耗或碳排放下降率为 q_1，则第二年，我国的碳排放总量 a_1 为

$$a_1 = a_0 (1 + m_1)(1 - p_1)(1 - q_1) \tag{1-2}$$

而第 n 年我国的碳排放总量为

$$a_n = a_0 \left(1 - \sum_i^n p_i \right) \prod_i^n \left[(1 + m_i)(1 - q_i) \right] \tag{1-3}$$

式中：下标 i 表示第 i 年的相应数据；同时从式（1-1）和式（1-2）中可以看出公式中认定清洁能源的碳排放为 0。并且从基年到第 n 年的碳排放累积量 $C = \sum a_i$，这里 C 为 m_i，p_i，q_i 的函数。

通过设定不同的 GDP 增长率、清洁能源的占比和能耗或碳排放下降率，可得到不同的碳排放累积总量和碳排放极值和拐点[22]。

采用该方法的研究主要有国际能源署（International Energy Agency，IEA）和我国一些权威部门。如国家发展和改革委员会能源研究所将我国未来碳排放分为节能情景、低碳情景和强化低碳情景三种模式进行分析，并预测了各情景下一次能源的需求量[23]。

（2）结构分解分析法（Structural Decomposition Analysis，SDA）。SDA 是一种以投入产出模型为基础的比较静态分析法。投入产出模型最早于 20 世纪30 年代列昂惕夫（Leontief，1936）提出的，在 1971 年列昂惕夫[24] 又将结构分解分析法和投入产出法结合分析了美国空气污染排放的变动情况。结构分解分析一般都基于投入产出模型（Input-output，IO），其计算公式为

$$x = (\boldsymbol{I} - \boldsymbol{A})^{-1} y \tag{1-4}$$

式中：y 代表投入；$(\boldsymbol{I} - \boldsymbol{A})^{-1}$ 为里昂惕夫逆矩阵；x 为总产出。

如果将式（1-4）的两边同时乘以碳排放系数矩阵 $\boldsymbol{E}$，就可以得到总的碳

排放量 C，即：$C = E(I-A)^{-1}y$。如果 y 可以分解成 $y_v \cdot y_s \cdot y_t$ 的形式（y_v 代表规模效应，y_s 代表结构效应，y_t 代表技术效应），同时 $F = E(I-A)^{-1}$，则第 t 期相对于第 0 期的碳排放量的变化就可以表示为

$$\Delta C = \Delta(F_{y_v y_s y_t}) = \Delta F_{y_v y_s y_t} + F_{\Delta y_v y_s y_t} + F_{y_v \Delta y_s y_t} + F_{y_v y_s \Delta y_t} \quad (1-5)$$

如果计算当期和基期的碳排放规模效应大小，可以在假定技术、结构等其他因素不变的情况下，仅规模变化导致的碳排放变化的大小，其他的效应也用同样的方法可得。该方法起源于格罗斯曼与克鲁格（Grossman & Krueger, 1991）[25]研究北美自由贸易协定（North American Free Trade Agreement, NAF-TA）对环境的影响。目前 SDA 被广泛运用，如卡斯勒（Casler, 1998）对美国经济中的二氧化碳排放进行结构分解分析[26]。陈（Chen, 2008）结合简单的凯恩斯模型和双层克莱姆生产函数框架提出一种输入—输出结构分解分析法[27]。闫云凤等（2010）对影响中国 CO_2 排放增长的因素采用 IO 和 SDA 进行了定量分析[28]。夏（Xia, 2012）基于能源投入产出表对中国 2002—2005 年能源强度进行结构分解分析[29]。阿克潘（Akpan, 2015）对日本1995—2005 年技术变化对工业排放影响进行输入—输出结构分解分析[30]。周国富等（2017）使用价值型投入产出表结合能源平衡表，探讨编制混合型能源投入产出表，同时采用结构分解技术（Structural Decomposition Technology, SDT）对天津能源变动的影响效应进行分析[31]。王丽萍（2018）对中国 1997—2014 年物流业的直接能耗碳排放和基于投入产出表的隐含碳排放进行测算[32]。

（3）指数因素分解分析法（Index Decomposition Analysis, IDA）。IDA 最早由日本学者茅阳一（Kaya Yoichi, 1989）提出，之后很多学者在 Kaya 恒等式的基础上对碳排放影响因素进行了拓展研究[33]。IDA 主要有 Laspeyres 指数分解法和 Paasche 指数分解法。Laspeyres 法是以解释变量的基期指标值为权数，Paasche 法是以解释变量的当期指标值为权数，但本质都是把各个解释变量的微分展开，且两者均有分解残差。相较于结构分解分析法，指数因素分解分析法更灵活、更简便。甘达尔（Gandar, 1995）测试了 Laspeyres 指数分解法和 Paasche 指数分解法对经济计量结果的影响，表明精确指数估计的重要性[34]。孙慧钧（1996）将 Laspeyres 指数与 Paasche 指数进行比较，认为前者使用更广泛[35]。黄元生（2015）使用 Laspeyres 分解法对 2006—2012 年东部地区经济增长与碳排放进行分析[36]，结果表明东部经济增长方式正在向集约

型转变，不同省份的经济发展模式与经济发达程度无关。

目前，被广泛应用的还有 Divisia 指数分解法。该方法是将对数形式下的碳排放核算式就时间先后进行微分、积分运算，尤其适用于连续数据。Divisia 指数法还可细分为自适应权重分解法（Adaptive Weighting Divisia，AWD）、算术平均指数分解法（Arithmetic Mean Divisia，AMDI）和对数平均指数分解法（Logarithmic Mean Divisia，LMDI）。其中，AWD 假定各参数为单调函数并最后求解各单项积分作为权数，其结果最接近现实，但计算过程极其繁杂；AMDI 取两个端点值的算术平均数为权数，简单易行，但分解结果存在残差；LMDI 分解无残差，且对零值和负值数据可以进行有效的技术处理[37]。指数分解法一般利用 Kaya 恒等式建立碳排放量关系式，该模型设定碳排放量与经济产出、经济结构、能源使用效率、能源结构等因素有关。该类研究的模型一般设定如下：设 C 为全国总碳排放量，C_i 为部门 i 的碳排放量，则有

$$C = \sum_i C_i = \sum_i G \times \frac{V_i}{G} \times \frac{E_i}{V_i} \times \frac{C_i}{E_i} = \sum_i G \times S_i \times I_i \times F_i \quad (1-6)$$

也可将式（1-6）除以人口进行人均碳排放考察

$$U = \frac{C}{P} = \sum_i \frac{G}{P} \times S_i \times I_i \times F_i = \sum_i Y \times S_i \times I_i \times F_i \quad (1-7)$$

式中：G 为经济产出；E_i 为第 i 部门的能源消费量；V_i 为第 i 部门的产出，用部门 i 的增加值表示；S_i 代表第 i 部门的产出份额，$S_i = \frac{V_i}{G}$；I_i 为第 i 部门的能源消费强度，$I_i = \frac{E_i}{V_i}$，即单位产出的能源消费量；F_i 为第 i 部门的碳排放强度，即单位产出的碳排放量；P 为全国人口总量，Y 为人均 GDP。

然后对式（1-6）或式（1-7）进行处理，一般采用 LMDI 法得到碳排放变化量 ΔC 加法形式的 LMDI 分解公式

$$\Delta C = C_t - C_0 = \Delta C_{out} + \Delta C_{str} + \Delta C_{Eint} + \Delta C_{Cint} \quad (1-8)$$

式中：经济规模效应 $\Delta C_{out} = \sum_i L(C_{it} - C_{i0}) \ln\left(\frac{G_t}{G_0}\right)$；经济结构效应 $\Delta C_{str} = \sum_i L(C_{it} - C_{i0}) \ln\left(\frac{I_{it}}{I_{i0}}\right)$；$\Delta C_{Eint} = \sum_i L(C_{it} - C_{i0}) \ln\left(\frac{I_{it}}{I_{i0}}\right)$ 为能源强度效应；$\Delta C_{Cint} = \sum_i L(C_{it} - C_{i0}) \ln\left(\frac{F_{it}}{F_{i0}}\right)$ 为碳排放强度效应[38]。

对于 $a>0$，$b>0$，对数平均数 $L(a, b)$ 的定义是

$$L(a, b) = \begin{cases} \dfrac{a-b}{\ln a - \ln b} & a \neq b \\ a & a = b \end{cases} \qquad (1-9)$$

昂和张（Ang & Zhang, 2000）[39] 在 2000 年对各种指数分解法进行合意性检验，发现 LMDI 比精炼 Laspeyres 指数分解法更为实用。LMDI 作为这一研究领域重要的分析工具得到广泛使用。姜向亚（2013）基于 LMDI 分解模型，采用泰尔熵标准指数法对我国 1990—2010 年碳排放量在全国尺度、三大经济区域尺度和八大经济区域尺度上的区域碳排放差异进行研究[40]。卡希尔（Cahill, 2010）等使用 ODEX 和 LMDI 对比衡量能源效率，以爱尔兰工业为例，结果表明 LMDI 更优于 ODEX，但两种结果均存在数据波动的影响[41]。顾阿伦等（2016）[42] 和杨磊玉（2016）[43] 也选用 LMDI 指数分解模型对中国产业碳排放影响因素进行分析。

（4）回归分析。回归分析法主要是通过两种形式：一是环境库兹涅茨曲线（Environmental Kuznets Curve，EKC）是否存在和出现拐点的计算；二是基于 STIRPAT（Stochastic Impacts by Regression on Population, Affluence, and Technology）模型的中国碳排放的影响因素研究。EKC 最早由格罗斯曼和克鲁格（Grossman & Krueger, 1993）[25] 提出，最初有关 EKC 的研究主要针对二氧化硫、粉尘、水污染等环境污染问题，后来才逐渐扩展到 CO_2 分析。在国内，林伯强等（2009）采用传统 EKC 与在 CO_2 预测的基础上预测的两种方法，对中国的二氧化碳库兹涅茨做了对比研究和预测，是中国首次对中国二氧化碳排放拐点和预测进行的研究。实证结果表明，中国二氧化碳库兹涅茨曲线的理论拐点应为 2020 年左右，但实证结果拐点到 2040 年还未出现，能源强度中的工业能源强度对二氧化碳排放有显著影响[44]。随后刘华军（2011）利用 1952—2007 年时间序列数据和 1995—2007 年省际面板数据，对中国二氧化碳排放的环境库兹涅茨曲线进行了经验估计[45]。宋马林等（2011）分省（区市）对中国各地区环境改善时间路径进行 EKC 分析，认为上海、北京等已经达到 EKC 拐点，而辽宁和安徽等不存在 EKC，且大多数省（区市）在 1~6 年均可达到 EKC 拐点[46]。

表 1.1 为各种碳排放影响因素分析法的归纳。

表1.1   碳排放影响因素分析法

体系	具体分解法	文献/机构
情景分析法	节能情景	中国国家发展和改革委员会能源研究所
	低碳情景	
	强化情景	
结构分解法 SDA	以投入产出模型为基础	列昂惕夫和福特 (Leontief & Ford, 1972)
指数因素分解法 IDA	Laspeyres 指数分解法	孙 (Sun, 1998)
	Paasche 指数分解法	帕舍 (H. Paasche, 1874)、孙慧钧等 (1996)
	Divisia 指数分解法	昂和张 (Ang & Zhang, 2000)
回归分析	EKC	格罗斯曼和克鲁格 (Grossman & Krueger, 1991)
	STIRPAT 模型	埃利希和霍尔顿 (Ehrlich, 1971; Holden, 1972)

在对碳排放影响因素的研究当中，大部分学者通过"IPAT（I = Human Impact，P = Population，A = Affluence，T = Technology）"方程建立 STIRPAT 模型来实现。由于 IPAT 模型的不足（该模型假设人为驱动因素和环境因素之间存在线性关系），后人在该模型的基础上建立了当前广为应用的 STIRPAT 模型，避免了 IPAT 模型无法实现的自变量和因变量之间的非线性关系计量。IPAT 方程是由埃利希和霍尔顿（Ehrlich & Holden，1971）[47]首次提出，是被广泛认可的模型。

它是由环境负荷、人口、富裕度、技术因素构成的框架模型，表达式为

$$I = P \times A \times T \qquad (1-10)$$

式中：I、P、A、T 分别代表环境压力、人口数量、富裕度、技术因素。IPAT 模型存在一定的局限性，无法通过改变一个影响因素，同时保持其他因素固定不变[48]，迪茨（Diet，1994）[49]等提出了随机回归影响模型加以改进，即

$$I = c \cdot P^{\alpha} \cdot A^{\beta} \cdot T^{\gamma} \cdot e \qquad (1-11)$$

式中：c 为常系数；α，β，γ 为指数项；e 为误差项。对模型等式两边取对数得到

$$\ln I = \ln c + \alpha \ln P + \beta \ln A + \gamma \ln T + \ln e \qquad (1-12)$$

孙敬水（2011）利用 1990—2009 年统计数据，基于扩展的 STIRPAT 模型，对我国发展低碳经济的主要影响因素及其贡献率进行了实证研究[50]。

卢娜[51]（2011）和黄蕊等[52]（2016）均采用 STIRPAT 模型对能源消费影响因素进行分析。马宏伟等（2015）利用 1978—2010 年的统计数据，基于扩展的 STIRPAT 模型和向量误差修正模型 VECM 对变量之间的 Granger 长期因果关系进行了检验，对影响我国人均二氧化碳排放的因素进行了实证研究[53]。

1.2.2 物流企业碳减排行为研究

中国是能源消费大国，同样也是碳排放大国，而物流业是我国二氧化碳排放增长速度最快的行业之一，削减碳排放量、实行碳减排工作、应对全球气候变化不仅是物流企业更是全社会的普遍共识，因此，针对物流企业碳减排行为的研究已经逐渐成为了国内外学者的研究热点。本书通过梳理现有相关文献发现目前国内相关研究主要集中在物流企业碳减排行为的影响因素研究和物流企业碳减排行为的具体路径研究这两个方面。

1. 物流企业碳减排行为的影响因素研究

为了保障物流企业碳减排工作的顺利开展，促使物流业率先在全国范围内走出一条低碳发展道路，研究、分析相关碳减排工作的影响因素就显得尤为重要，而物流企业碳减排工作的开展是一个复杂流程，期间会受各种内在、外在因素的影响，要更有针对性地解决好我国物流企业碳减排工作的一系列问题，必须多角度、多层次、全面地考察物流企业碳减排工作的相关影响因素。

根据现有研究发现，一部分相关研究从微观企业层面入手，以物流企业碳排放的参与者或者说利益相关者为切入点，学者普遍认为外部政府的干预，以及内部物流企业员工、政策等对碳减排工作影响较大，因此多数研究通过构建以相关参与者为主体的演化博弈模型，动态分析了这些内外部因素对物流企业碳减排工作的具体影响及影响方式，并在此基础上针对性地提出了政策意见。如高凤华（2013）在影响因素分析的基础上对企业在政府规制包括征收碳排税、财政补贴、金融支持的条件下的行为选择进行博弈研究，通过研究认为政府规制是影响低碳物流产业发展的重要因素，政府规制对企业低碳物流技术的应用意义重大，最后创新性地提出促进企业应用低碳物流技术的政府规制模型[54]。骆瑞玲等（2014）针对单制造商和单零售商组成的供应链，在考虑供应链碳减排技术投资与否两种情况，考虑消费者行为等因素，构建了集中式决策、分散式决策和供应链成员协同决策的博弈模型，研究了碳减排技术投资及碳排放交易政策是如何影响供应链整体的碳排放量的[55]。朱庆华等（2014）研究了地方政府与制造企业之间关于碳减排的博弈，并分析了它们的行为演化影响因素及具体的影响方式[56]。

也有学者从宏观国家或地区层面展开碳减排行为的影响因素研究，具体而言主要是通过因素分解等方法找出碳排放的驱动因素及抑制因素，如刘龙政等（2012）对中国物流业碳排放的主要驱动因素能源结构、经济增长和能源效率进行研究，结果表明经济增长是促成物流产业碳排放增长的最重要因素，从提高能源效率、改善能源结构着手发展现代物流有利于低碳物流的发展[57]。李创等（2016）基于2004—2014年的物流运输能源消耗数据，利用对数平均迪氏分解法构造分解模型对物流运输产生的碳排放量进行因素分解，以量化手段得出碳排放因子、能源消耗结构、运输方式、物流运输货运量、能源消耗强度各因子对运输碳排放量的贡献大小[58]。杨建华（2016）估算了1998—2012年北京城市物流业的碳排放量，建立了北京城市物流业碳排放影响因素的通径分析模型，研究发现物流基础设施的建设是该阶段碳排放增长的决定性因素，经济发展水平、以石油为主的能源结构、城镇化是促进碳排放的重要因素，能源效率对碳排放的正向影响较弱，产业结构对碳排放具有负向影响[59]。金凤花等（2016）测算了1997—2004年区域物流碳排放数据，使用TAPIO脱钩弹性系数和LMDI方法对区域物流碳排放的脱钩状态和影响因素进行分解。发现区域物流经济表现为多种脱钩状态，能源效率和能源消耗结构在样本近几年内为减碳因素，而人均GDP为增碳因素，区域物流的比重对区域物流碳排放影响不大[60]。汪欣等（2017）对2003—2014年安徽、上海、江苏和浙江四省市物流业的碳排放量进行估算，利用LMDI法定量分析了对四省市物流业碳排放产生影响的因素，发现物流能源效率低下是安徽省发展低碳物流面临的最大问题，发展低碳物流要从产业结构调整、能源结构优化、能源效率提升三方面着手[61]。刘渝等（2017）在考虑区域差异的前提下，将全国划分为东、中、西三个区域，利用LMDI方法将碳排放影响效应分解为能源结构、能源强度、经济发展和人口规模效应，研究发现经济发展、人口规模效应是物流业碳排放的正向效应，而能源强度、能源结构效应属于负向效应[62]。王丽萍等（2018）通过碳排放影响因素分解分析发现经济规模对物流业碳排放的正向驱动效应最大，其次是服务业经济发展，而低碳技术的使用、行业效率的提升有利于抑制碳排放的增加[32]。

2. 物流企业碳减排行为的具体路径研究

对于企业来讲，企业需要在具体的实际生产工作中采用特定的方法技术，按照具体的实施方案来实行企业的碳减排工作，但是在实际的生产活动中企业该采用什么样的方式方法将碳减排工作更好地落实到位呢？因此，为企业提供具体的低碳减排工作实施路径就显得尤为重要，这已经成了国内外学者的一大研究热点。从现有研究来看，国内外的学者对物流企业碳减排行为的具体路径研究，主要包括物流企业碳减排模型优化设计研究、信息化技术在企业碳减排工作中的应用研究、物流企业碳排放量计算与预测研究三方面。

（1）物流企业碳减排模型优化设计研究。物流企业的碳减排工作是一个复杂的动态执行过程，其间涉及各项流程及人员，且随着时代的进步、科技的发展，今日的低碳减排工作可能已经成为明日的非低碳减排工作，因此，用静态的眼光看待物流企业的碳减排工作是远远不够的，非常有必要通过不断的对物流业、运输业等进行碳减排模型再优化设计，使之符合科技、时代的动态发展。

对物流系统与供应链的低碳化设计模型方面的研究，主要集中在仓储、运输、配送方面，如李顺勇等（2018）从现实路网多通路属性的研究入手，设计符合时变网络碳排放计算的时段划分方法，分析行驶速度变化及车辆载重对排放造成的影响，建立了可以明显降低配送车辆油耗的多通路时变网络下的低碳车辆路径优化模型[63]。周林（2018）针对交通拥挤环境下日益增长的城市配送需求，通过分析时序依赖对成本和碳排放的影响，引入车辆在节点等待和离散调度策略，研究基于时序依赖的低碳城市配送车辆路径与离散调度问题[64]。陈鹏等（2018）为了降低高铁客站新区给周边路网交通和城市碳排造成的影响，选取站区路网交通供需平衡和碳排放容积率最小作为站区路网结构优化的目标，建立了基于多目标的高铁客站新区道路网结构优化模型[65]。陈诚等（2018）基于对木材物流网络中的节点和路线的作业活动分析，提出了木材物流网络碳排放测度方法，并且以成本和碳排放量为目标建立了低碳木材物流网络双目标优化模型[66]。张得志等（2018）针对如何在快递行业实现低碳运作目标，在分析国内外快递物流运作及其网络优化研究的基础上，通过分析快递行业物流网络的拓扑网络的基本特点，对比分析各种不同模式的干线运输方式的优缺点，构建了基于低碳经济视角的多模式快递物流网络优化决策模型[67]。杨宁（2018）研究了考虑碳排放的城市快递配送车辆路径问题，构建了考虑碳排放的多目标带时间窗的多车型车辆路径问题模型[68]。李存兵等（2018）为提高烟草物流配送服务水平、降低配送成本，通过引入工作量均衡指标，建立了低碳背景下的碳排放数学模型，并提出了改进的双层遗传算法用于优化物流路径[69]。李珍萍等（2017）以锦州JS配送公司为案例分析了配送过程中能源消耗的来源，考虑车辆自重和载重、车辆出行距离等对配送能源消耗的影响，建立了以极小化碳排放成本为目标的车辆路径优化问题的混合整数规划模型，优化后的模型大大减少了碳排放成本[70]。

同时还有部分学者将碳税、碳交易等政策对物流企业碳减排的影响兼顾考虑进相关的模型优化设计中，如李伯棠等（2017）考虑了政府征收企业碳税的情况，采用鲁棒优化方法，以碳税成本和物流成本之和最小化为目标，建立了再制造物流网络鲁棒混合线性规划模型[71]。崔娥英等（2016）在讨论了不同碳税政策情况带来的减排效应情况下，建立了环境因素融入的低碳物流网络优化模型[72]。侯跃等（2015）考虑碳交易市场机制对运输企业收益成本的影响，建立了具有固定车辆数、多车型车辆低碳路径混合整数规划模型，通过该模型企业，可以从碳交易中获得经济收益并减少碳排放[73]。周程等（2015）针对物流配送中碳排放问题，引入考虑货车载重、行驶速度与路况因素的碳排测算方法，建立了强制排放、碳税与碳交易政策下配送模型[74]。刘艳秋等（2015）针对碳排放成本对物流网络优化设计的影响，提出了基于低碳理念的多级物流网络优化设计方法，在考虑碳排放约束的情况下该方法可以使物流企业的成本明显降低[75]。

近年来随着冷链物流的快速发展，冷链物流业的高碳排放问题迅速引起了业界学者的重视，部分学者开始以冷链物流企业为研究对象，通过对建立冷链物流企业的配送路径优化模型，激励企业选择低碳化的配送路径，大大地提高了企业的经济效益和社会效益。如康凯等（2018）在综合考虑配送车辆的固定成本、运输成本、生鲜农产品的货损成本、制冷成本、配送过程中产生的碳排放成本，以及因未满足客户要求的服务时间窗而产生的惩罚成本的情况下，构建了考虑碳排放的生鲜农产品配送路径优化模型[76]。范立南等（2017）针对农产品冷链配送特性，将配送过程中的碳排放量化为成本加入总成本中，并构造以总成本最小为目标函数考虑碳排放的带时间窗的农产品冷链物流路径优化模型，通过该优化模型可以为农产品冷链物流配送企业选取低碳环保的配送路线[77]。王智忆等（2017）基于冷链物流车辆配送节能减排的必要性，在考虑车速、距离、载重量等影响因素的情况下，建立了以碳排放量最低为目标的配送路径优化模型，运用此模型优化物流企业的配送路径，大大降低了碳排放量[78]。姜樱梅等（2017）为有效实现农产品冷链物流的节能减排，在分析其实施碳优化驱动因素的基础上，研究了农产品冷链物流碳排放成因及其"效益悖反"现象，通过引入第三方、第四方物流企业，构建了基于碳优化的农产品冷链物流体系[79]。肖超等（2017）在分析冷链物流配送环节各种成本基础上，以车载容量和时间窗为约束，构建综合总成本最小化的冷链低碳物流配送路径优化模型，并运用蚁群算法来求解该模型，研究发现该算法能够以更高的效率寻找到更低的综合总成本[80]。丁红英（2015）从逆向物流的角度研究了我国农产品物流的路径优化问题，通过分析低碳经济视角下农产品逆向物流发展所存在的政策问题、供应链问题、技术问题以及信息问题，进而提出农产品逆向物流优化的关键路径，并建立农产品逆向物流发展环境、运行系统、研发平台和信息交互平台，为我国农产品的逆向物流的发展提供了参考[81]。

（2）信息化技术在物流企业碳减排工作中的应用研究。近几年，随着科技水平的快速发展，利用现代信息技术促进物流企业的低碳发展，已经成为我国现代化物流业发展的必然趋势，已经有学者从信息化技术在物流业碳减排工作中的应用这一角度出发进行相关研究，主要是利用物联网、大数据、云计算等现代科技技术帮助物流企业降低运营成本、实施全程监控、优化配送路径，以及促进企业碳减排工作等。

朱文和（2010）指出物流行业信息化、自动化水平的不断提高，不仅降低了物流的成本，也提高了物流企业的效率，同时也带动了低碳物流信息化水平的不断提高，带动了物流行业的低碳发展[82]。李向文等（2010）经过分析无线射频识别技术（Radio Frequency Identification，RFID）技术及物联网模式在绿色物流的集约资源、绿色配送、绿色包装、绿色运输、废弃物回收五个方面的具体应用，找到了一种更加适合实现绿色物流的技术方法，最后通过验证指出物联网与 RFID 技术对于实现绿色物流及低碳经济具有支持与推动作用[83]。郭晓莉等（2012）认为在低碳经济背景下，要缩短农产品供应链，完善基础设施，利用先进的物流技术和科学规划，建立完善的现代化农产品物流信息平台，这将有助于实现低碳经济[84]。马婷等（2013）为了解决食品冷链物流在运输过程中的跟踪及溯源性问题，提出了基于物联网技术的物流解决方案，通过结合 RFID 和无线传感网络技术（Wireless Sensor Networks，WSN），构建了一个冷链物流跟踪及追溯系统[85]。张春林等（2013）基于物联网的信息网络建设，能够更好地促进物流企业的绿色发展，利用物联网发展农产品绿色物流成为许多政府、企业的主要发展方向[86]。卫振林等（2015）通过创新电子商务共同仓储配送中心的功能结构，提升共同仓储配送中心的信息化服务水平，针对性地提出基于中小电商物流一体化方案的共同配送模式和运作流程，解决了企业单独配送或自建仓储逐渐凸显出高成本、低效率的弊端[87]。刘永清（2015）考虑到废旧家电的非正规逆向物流处理使我国承受着巨大的资源与环境压力，运用"互联网＋"战略下新媒体的营销利器——网络营销理论和方法，针对消费者这一回收主体，为废旧家电回收处理商设计具有普适性的收集策略[88]。耿会君（2015）提出了基于O2O（Online to Offline，线上线下融合的电子商务模式）的废旧手机绿色物流模式，提高了废旧手机利用率，降低了对环境的负面影响[89]。陈庆（2015）利用"互联网＋"与传统物流业相融合，寻求了现代低碳物流发展的新路径[90]。林海萍（2015）也利用大数据精准分析、预测、信息共享等功能来加强电子行业的绿色供应链管理，同时构建绿色供应链管理联盟，建立有效的绿色激励政策和措施[91]。李蓉蓉等（2016）针对目前国内冷链物流成本普通偏高，智能化水平普通偏低的现实情况，提出了基于物联网的智能冷链物流解决方案，从信息采集、位置服务、智能终端、电子商务等方面进行关键技术分析和应用研究[92]。童燕军（2016）则基于物联网视角，研究了低碳物流的发展趋势[93]。

米歇尔（Michele，2016）为科学界提供了一个全面概述数据处理平台的应用，该平台旨在利用欧洲道路交通政策领域的大数据潜力，促使下一代绿色汽车能够大规模部署，建设低碳道路[94]。阿尔哈凡（Arghavan，2017）论证了他的一些模型在网络规模下的实现，是大数据分析的有力基础，通过对空间和时间变化的道路条件、路面特性、交通负荷和气候条件的整合，来实现对能源消耗和二氧化碳排放的大数据分析，提出了一种新的排序算法，对减少二氧化碳排放作出了显著的贡献[95]。

（3）物流企业碳排放量计算与预测研究。近年来，随着统计数据的不断完善，部分学者开始借助代表物流业的统计数据（一般用统计年鉴中的交通运输、仓储和邮政业统计数据）实证分析计算物流业的二氧化碳排放，并对相关问题进行系统研究。在物流碳排放量计算方面，目前的研究主要有基于油料消耗[96]和基于运距[97]两种测算方法,除此之外,乌韦达(Ubeda,2010)以西班牙一家领先的食品配送公司 Eroski 为例来研究绿色物流,主要包括估计环境的影响(采用基于运距的方法来测算其配送作业碳排放量)、配送路线的重新优化(采用新的 CVRP 算法来缩短运距)、优化环境的影响(通过建立碳排放量最小的配送模型来进行优化)[98]。帕西克(Piecyk,2009)采用集中讨论和大规模 Delphi 调查方法将影响货物运输需求、车辆油料消耗和相应碳排放的因素,根据不同层次的物流决策分成六大类,并构建了三种场景对 2020 年的公路运输碳排放量进行评估[99]。希克曼(Hickman,2010)为伦敦市构建了一个运输和碳排放仿真模型,该模型可用于分析多种政策下的执行效果,为降低碳排放量提供参考[100]。王晓华(2009)利用 LEAP(Long-range Energy Analysis Plan system)模型计算和分析北京市 2000—2030 年不同情景下的物流能源需求与环境排放,模型结果表明:所设计的各个发展情景对能源需求和碳排放量比基础情景均有不同程度的降低[101]。温宗国等(2009)采用物质流分析方法评估了我国公路交通系统的物质代谢,结果显示:2005 年中国公路交通系统的物质总输入为 521Mt,排放的污染物量占资源投入量的 28.3%[102]。朱松丽(2010)以不同燃料驱动类型车辆的保有量、年均运营距离、能源强度及排放强度为主要参数定量计算 2005 年北京和上海的城市交通能耗和 CO_2 排放量[103]。孙玮珊(2014)采用模糊数学计算方法以物流总成本和二氧化碳排放量最小化为目标,建立双目标绿色物流网络设计模型,认为当物流成本目标的权重为 0.15~0.80 时,物流成本与二氧化碳排放量处于相对稳定的状态;二氧化碳排放量上限对物流成本的影响较大,将二氧化碳排放量控制在 280000以下,能够有效平衡经济因素和环境因素两者之间的关系[104]。钟聪儿等(2016)运用遗传算法,以厦门市某物流配送企业为例,计算一个综合考虑碳排放和运输费用的配送路径优化模型,认为传统的配送路径安排中存在很大的碳排放改善空间;综合考虑碳排放和运输费用的车辆路径问题在有效实现绿色物流的同时能降低运输成本[105]。

1.2.3 物流企业碳减排策略研究

关于物流企业碳减排策略的研究,国内外的学者的研究主要集中在从碳税和碳交易两方面,本书将回顾并总结国内外近些年在这两方面的研究成果,以期能为后续的研究工作者提供参考。

1. 碳税方面

国内外的研究主要集中在碳税的内涵、属性和外延，碳税设计，以及碳税征收对碳减排效果、国家经济发展、产业竞争力、收入分配效应等影响方面。如诺德豪斯（Nordhaus，1992）提出了 DICE（Dynamic Integrated Climate-economy Model，动态综合气候—经济模型）模型，并用来研究最优温室气体减排与碳税的关系[106]。巴兰齐尼等（Baranzini，2000）评估了碳税政策对竞争力、分配和环境的影响，研究表明，碳税是碳减排的一个有效政策，其对经济的负面影响可以通过税收的设计和对财政收入的使用来补偿[107]。布吕沃尔等（Bruvoll，2004）评估了挪威自 1991 年实施的碳税政策对碳减排的影响，研究认为，尽管税收收入相当可观，但碳税的影响已经不大[108]。李等（Lee，2007）运用模糊目标规划方法，模拟了三种碳税方案下碳减排的力度和经济影响[109]。梅特卡夫等（Metcalf，2009）认为应在碳税征收中考虑通过调整所得税等税收制度改革来平衡碳税的再分配效应[110]。孟等（Meng，2013）通过对澳大利亚数据的模拟分析，认为碳税可以有效削减排放，但会造成经济温和收缩[111]。优素福（Yusuf，2015）应用均衡模型研究了印度尼西亚这一发展中国家的碳税分配情况，认为与大多数工业化国家的研究不同，印度尼西亚征收碳税并不一定是一种倒退。通过统一降低商品税率来回收收入，可能会减少不利的总产出效应，而统一的一次性转移则可能提高累进性[112]。李（Lee，2018）采用全球宏观经济计量能源—环境—经济模型 E3ME，结合电力行业未来技术转型模型 FTT – Power 情景分析了碳税对日本 2030 年国家自主贡献（Nationally Determined Contributions，NDC）温室气体减排目标的宏观经济影响，结果表明，日本可以实现其 NDC 目标，同时通过回收碳税所得的收入，可使国内生产总值增加到基线以上[113]。

在国内，王金南等（2009）运用可计算的一般均衡（Computable General Equilibrium，CGE）模型模拟了碳税征收对中国宏观经济、节约能源和抑制 CO_2 排放的影响，结果表明征收低税率的碳税是一种可行选择，其对中国经济影响有限，但对减缓碳排放增长具有明显的刺激效果[114]。陈诗一（2010）设计了一个基于方向性距离函数的动态行为分析模型对 2009—2049 年中国节能减排的损失和收益进行模拟分析，支持了环境治理可导致环境和经济双赢发展的"环境波特假说"[115]。杨超等（2011）采用动态碳税调整机制构建多目标碳税投入产出模型，来研究碳税税制设计、最优税率的选择及征收碳税对宏观经济的影响[116]。周晟吕等（2011）采用基于动态可计算一般均衡模型（Dynamic Computable General Equilibrium，DCGE）构建的能源—环境—经济模型，模拟了不同碳税税率及碳税收入使用方式的减排效果及对经济的影响[117]。林伯强等（2012）利用修正的 ElSerafy 使用者成本法来估计煤炭资源的耗减成本，研究发现对煤炭资源征收 5% ~ 12% 的资源税，宏观经济成本在可承受范围之内，而且能够反映煤炭作为稀缺性资源的耗减成本[118]。娄峰（2014）构建 DCGE 模型，模拟分析了 2007—2020 年不同碳税水平、不同能源使用效率、不同碳税使用方式对碳减排强度、碳排放强度边际变化率、部门产出及其价格、经济发展和社会福利等变量的影响[119]。刘宇等（2015）运用动态 CAS – GE（Chinese Academy of Science General Equilibrium Model）模型基于无税收返还、减免消费税和减免生产税三种情景下，模拟了中国 2015 年开征 100 元/吨碳税的经济影响，结果表明碳税使全国碳排放总量下降 8.15%，且碳税的征收有利于抑制通货膨胀[120]。吴士健（2017）构建了中央、地方双重治理体制下，中央、地方环保部门同碳排放企业间的三方博弈模型，通过模型均衡分析和仿真研究了双层治理体制下实施阶梯式碳税政策对不同主体行为的影响[121]。

2. 碳交易方面

国内外的研究主要集中在碳交易制度设计（包括交易模式、排放总量确定、初始额度分配、交易监管等），及其对碳减排效果、经济发展和行业格局等方面的影响。如斯塔文斯（Stavins，1995）认为排放权交易制度应考虑八方面因素：总量控制目标、分配机制、排污许可、市场运行、市场定义、监督与实施、分配与政治性问题、现行法律与制度的整合[122]。克里斯琴（Christiansen，2005）等认为政府政策、技术指标、市场基本面，乃至气候等因素都在一定程度上影响了排放权价格，宏观经济状况则决定了市场的均衡价格[123]。斯特兰德（Stranlund，2007）研究了在排放权交易许可条件下使企业减排成本实现最优成本效率的实施条件，提出在监管者可以用不变的边际处罚来引导企业使减排总成本实现最小化[124]。佩尔丹等（Perdan，2011）认为在克服技术和非技术障碍后，应在政治支持和经济稳定条件下，逐步在地域、时间和覆盖行业等范畴扩大碳排放交易[125]。文曼（Venmans，2012）认为免费分配带来的意外收益将使财富由消费者向企业转移，降低了收入分配的公平性[126]。

纳西菲（Nazifi，2013）通过对欧盟排放配额（EU Allowances，EUAs）和核证减排量（Certified Emission Reduction，CERs）的动态价格变化的参数分析，指出交易限制、监管变化和 CERs 的不确定性是影响排放权价格的重要因素[127]。古尔布兰森（Gulbrandsen，2013）等研究发现，欧盟碳排放交易体系（EU-ETS）通过影响电力价格对纸浆和造纸业产生冲击，使得造纸业在碳减排技术的研发和应用方面进行大量投入[128]。

在国内，汤铃等（2014）基于 Multi-Agent 模型构建了我国碳交易机制仿真模型，以测算不同碳交易机制设定对我国经济与环境的影响，研究结果表明，碳交易机制能够有效促进我国碳减排，但会对经济产生一定冲击；祖父准则比标杆准则的碳排放权配置政策对经济的冲击作用相对较小[129]。任松彦等（2015）通过构建广东省两区域 DCGE 模型，分析实施可调控总量的碳交易机制对广东省及参与部门的经济影响[130]。

针对这些碳减排政策的比较和选择也是国内外研究的热点之一，如阿德利（Adly，2009）等对比了碳税与碳交易两种政策，认为在信息充分且不存在不确定性情况下，两种政策都可以使企业减排成本最小，如果考虑到未来的不确定性、税收扭曲及收入分配效应等问题，则两种政策的效用不同[131]。查韦斯等（Cháve，2009）的研究认为排放权交易许可和排放标准这两种环境政策工具，在企业完全遵守下的实施成本均低于不完全遵守下的实施成本，而且排放权交易的实施成本不比排放标准的低[132]。刘小川等（2009）分析了 5 种二氧化碳减排政策工具各自的特点，并对其进行了对比分析[133]。石敏俊等（2013）基于 DCGE 模型构建了中国能源—经济—环境模型，模拟了单一碳税、单一碳排放交易，以及碳税与碳交易相结合的复合政策等不同情境下的减排效果、经济影响与减排成本[134]。高杨等（2014）采用管制最优规划模型，同时考虑减排成本、监督成本和惩罚成本，对分别实施碳排放标准和碳排放权交易许可两种政策工具下监管者最优成本效率的监管决策进行分析，并对其成本效率进行对比研究[135]。吴立波（2014）构建了中国多区域 DCGE 模型，模拟分析了各省市 2007—2020 年的边际减排成本曲线，并就其对温室气体控排的碳排放权交易与碳税政策的选择进行了研究[136]。魏庆坡（2015）通过分析绝对减排目标和相对减排目标与碳税的兼容性，提出相对减排目标下的碳交易和碳税兼容的可能性，并提出通过引入组合制度来帮助中国减排路径的选择[137]。赵黎明等（2016）使用情景分析法，基于二层决策机制的层次性和动态反馈性，构建碳减排二层规划决策模型，结果表明与单一型政策相比，复合型碳减排政策体系下企业享有更高的减排决策弹性[138]。

综上所述，国内外对于碳税和碳排放权交易两种碳减排政策的研究成果比较丰富，且大多数是以宏观国家层面和重点碳排放行业（如电厂）等为研究对象进行的研究，而将农产品冷链物流作为研究对象进行系统的碳减排的研究还比较少见。因此，能否明确当前我国农产品冷链物流业碳减排的作用机理？如何对农产品冷链物流业碳减排的碳税和碳交易的机制进行有效设计？而碳税或者碳交易的实施对于农产品冷链物流业又会产生什么样的影响？碳减排政策如何有效实施等都是当前需要研究的问题。

1.2.4 研究述评

从上述有关物流企业碳排放核算、物流企业碳减排行为和碳减排策略等相关文献的研究发现，目前该领域的研究主要存在以下几点不足。

（1）实证研究方式的应用需要进一步加强。社会科学研究要服务于政府或者企业的管理决策行为，发挥建言献策的作用，充当政府或者企业的智库。实证研究由于立足于数据做支撑，因而更具有说服力，提出的政策建议针对性更强。

（2）关于物流行业角度进行定量研究的文献较少。定量研究是提供决策支持的基础，是发挥社会科学政府智囊的重要支撑条件，在统计数据不断完善的前提下，从整个行业视角进行物流碳排放计量的研究需要进一步加强。

（3）以碳减排为主题、以物流企业为研究对象、以信息化高新技术为工具的研究文献比较缺乏。随着时代的进步、科技的迅速发展，信息化技术应用于物流企业的碳减排工作已经成为物流业低碳发展的一大突破点，而通过文献梳理分析发现利用信息化技术追溯、完善物流企业的配送路径、建设信息化平台居多，因此针对物流企业的碳减排工作的信息化建设还有待进一步加强。

（4）从区域视角针对物流企业碳减排模型优化设计的研究并不多见。由于我国地域辽阔，不同地区的经济基础和发展模式差异较大，且不同地区的地理特性也大不相同，这使得不同地区的冷链物流企业的运输配送环节存在差异，有针对性根据不同地区建立不同的碳减排优化模型会更具有实际意义。

1.3　研究方法、内容与思路

1.3.1　研究方法

1. 文献资料法

本书的研究需要梳理国内外碳排放现状、碳排放计量方法、物流业碳排放等相关文献，借助图书馆和网络信息等平台广泛搜集国内外专家学者对于碳排放、碳排放影响因素分析、物流企业碳排放现状等相关方面的研究成果，对搜集到的第二手资料进行定性分析，并将研究思路、研究方法具体化。

2. 碳排放量核算方法

（1）LCA 生命周期评估法：生命周期法也被称为过程分析法，是用来测量一个产品或服务在其整个生命历程中产生的温室气体量，是衡量一个产品或服务对环境产生影响的工具。基于过程的 LCA 法是一种自下而上（Bottom - up）的分析方法，它包括了产品"从出生到坟墓"的整个过程，计算结果较为详细。但由于在系统边界确定过程中，主观判断失误等原因难以避免的会出现漏算或多算，且数据收集的准确性难以保障，因此该方法多数用于计算微观层面的碳排放，基本不适用于区域及以上范围碳足迹研究。

（2）IPCC 清单法：根据消耗的能源数量乘以能耗排放系数来估算 CO_2 排放量，该方法基于《2006 年 IPCC 国家温室气体排放清单指南》。

3. 演化博弈论

演化博弈论最早起源于对生态现象的解释，在 20 世纪 60 年代由一名生物学家提出用以研究生态问题的理论。随后史密斯和普里斯（Smith & Price）于 1973 年提出了演化稳定策略（Evolutionary Stable Strategy，ESS），标志着演化博弈理论的正式诞生。演化博弈论具有两个重要因素，一个是复制子动态，另一个是演化稳定策略。复制子动态注重选择的作用，演化稳定策略则注重变异的作用。复制子动态关注点在于采用某个固定策略的个体数量在整体中所占比例的动态演变过程。演化稳定策略强调防御种群中部分个体的变异入侵，而传统的纳什均衡只能防御单一个体的变异入侵。演化博弈论具有鲁棒性好、能够有效抵御外部入侵、具有有限理性等特点，因此在多个领域得到了广泛应用。

4. 路径分析法

路径分析（Path Analysis）又称通径分析，由美国遗传学家塞沃尔·赖特（Sewall Wright）提出，主要用来分析变量间的因果关系，它以多元线性回归为基础，并且是线性回归分析的深化和拓展，能够检验一个假设的因果模型的准确和可靠程度，测量变量间因果关系的强弱程度。

5. 系统动力学

系统动力学（System Dynamics，SD）是由美国麻省理工学院（Massachusetts Institute of Technology，MIT）的福瑞斯特（J. W. Forrester）教授于1956年提出，为分析生产管理及库存管理等企业问题而提出的系统仿真方法，最初叫工业动态学。它是一门分析研究信息反馈系统的学科，也是一门认识系统问题和解决系统问题的交叉综合学科。系统动力学以实际系统为依据，在确定系统边界和进行系统分析的基础上，明确其中的反馈关系，建立起系统因果分析图和流图，对系统的作用机理进行定性分析；然后将系统反馈关系运用数学方程式表达，通过实证数据和合理假设，借助 Vensim 软件平台对系统进行模拟仿真分析。

6. 因子分析

因子分析是指研究从变量群中提取共性因子的统计技术。最早由英国心理学家斯皮尔曼（C. E. Spearman）提出。他发现学生的各科成绩之间存在一定的相关性，一科成绩好的学生，往往其他各科成绩也比较好，从而推想是否存在某些潜在的共性因子，或称某些一般智力条件影响着学生的学习成绩。因子分析可在许多变量中找出隐藏的具有代表性的因子。将相同本质的变量归入一个因子，可减少变量的数目，还可检验变量间关系的假设。

1.3.2 研究内容

本书共分为7章，具体包括以下内容。

第1章 绪论。对本书研究领域主要涉及的国内外研究文献进行梳理和述评，包括对碳排放、碳排放核算、物流企业碳减排行为和碳减排的策略进行梳理分析；并对本书的研究方法、研究内容和研究思路进行了归纳。

第 2 章　农产品冷链物流的碳足迹分析。本章详细地介绍了碳足迹的计算方法，并选取合适的碳足迹计算方法对电子商务环境下农产品冷链物流案例中的碳足迹进行核算分析。

第 3 章　农产品冷链物流碳减排的机理分析。本章基于已有文献阐述了影响农产品冷链物流碳排放的主要影响因素，运用路径分析法深入分析了各影响因素对碳排放的影响程度，进而研究了农产品冷链物流碳排放影响机理，最后提出一些降低农产品冷链物流碳排放的建议。

第 4 章　农产品冷链物流碳减排的路径研究。本章通过分析、总结现有的物流企业碳减排的具体路径，主要包括物流企业怎样采用精益物流、大数据、物联网方法技术实施碳减排工作，从而探索并创新不同的冷链物流企业减排路径。

第 5 章　农产品冷链物流碳减排技术采纳行为研究。本章分析了农产品冷链物流低碳技术采纳的影响因素，利用演化博弈论方法对采纳物流企业的碳减排行为进行分析，同时考虑政府的监管对农产品冷链物流采纳碳减排技术的影响。

第 6 章　基于系统动力学的农产品冷链物流碳减排策略研究。本章运用系统动力学方法构建农产品冷链物流碳排放的系统动力学模型，通过观察模型在不同参数和影响因素下的碳排放行为和趋势，从而把握农产品冷链物流的碳排放变化机理，在此基础上为企业的农产品冷链物流低碳运营的发展提供一些可行性对策。

第 7 章　研究结论及不足与展望。总结本书的一些研究结果，提出本书的不足及研究展望。

1.3.3　研究思路

本书遵循理论分析—实证分析—政策分析—政策演化分析的基本思路，以农产品冷链物流为研究对象，以碳减排为治理目标，对冷链物流碳减排的机理、路径、策略进行层层渐进展开分析。本书的主要研究思路如图 1.1 所示。

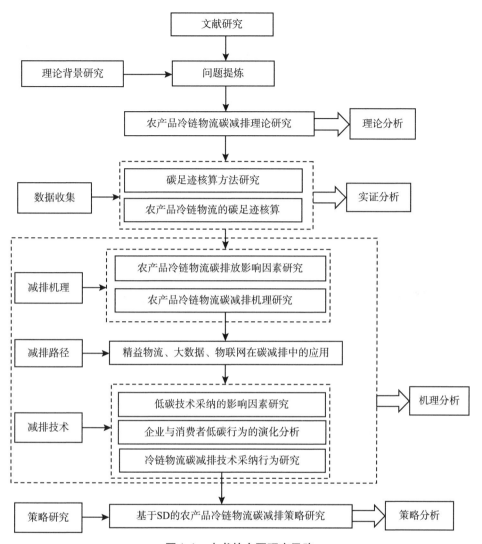

图 1.1 本书的主要研究思路

第2章
农产品冷链物流的碳足迹分析

随着环境问题的日益严重，人们越来越重视碳减排工作，以使用化石燃料为基础的经济社会发展模式已经逐渐被低碳经济发展模式所替代，因此，作为一种测量人类碳排放对全球温室效应影响的新方法——碳足迹正逐渐成为国内外学者的研究热点与重点。碳足迹一词起源于生态足迹，而生态足迹这一概念最早由里斯和瓦克纳格尔（Rees & Wackernagel，1996）共同提出，他们用人类的生物资源消费和化石能源碳排放所需占用的生态生产性土地与水域面积来表征人类生产消费活动对生态造成的影响[139]。尽管国内外的学者对碳足迹一词从不同方面给出了不同的解释，但碳足迹概念全球至今还未有统一国际标准。维德曼和米克斯（Wiedmann T & Minx J.，2007）将碳足迹定义为由某项活动产生的直接或间接的 CO_2 排放总量或某种产品生命周期内累积所产生的 CO_2 排放总量的一种度量，这是目前使用较为普遍的一种定义[140]。

梳理文献可知，国内外的学者对各个行业领域的碳足迹做了大量的研究分析。如2000年时韦伯（Weber，2000）计算并比较了法国、德国、荷兰三个国家家庭消费产生的 CO_2 排放量[141]。纳尔逊等（Nelson，2009）测算了美国农业的碳足迹[142]。杜比和拉尔（Dubey & Lal，2009）研究了美国俄亥俄州和印度旁遮普邦的农业碳足迹，并对两地农业生产的可持续性进行了评价[143]。

刘倩晨（2010）通过 LCA 法，对冷链的各个环节的碳排放量进行了计算，并将碳排放的变量引入了易腐品基本库存模型中，建立了包含碳排放的冷链库存模型，对研究低碳冷链物流问题具有指导性意义[144]。黄文强（2015）在总结了国内外畜禽产品碳足迹评估方法的基础上，汇总了中国及欧美等发达国家评估鸡蛋、猪肉、牛肉和牛奶等畜禽产品碳足迹的研究结果，指出了畜禽产品碳足迹高贡献率环节[145]。邢芳芳（2007）利用 IPCC 碳排放系数法对北京市居民生活的直接能源消耗产生的碳排放量进行了测算[146]。曹华军（2011）在研究了机床整个生命周期活动的基础上提出了一种新型的机床碳排放计算方法，并通过实例对该机床碳排放计算方法进行了实证分析，定量地描述了机床各个环节的碳排放量[147]。王效琴、梁东丽（2012）在分析奶牛养殖系统的运作流程基础上，采用生命周期法构建了一种针对奶牛养殖系统的碳排放计算方法；最后运用该计算方法计算了整个奶牛养殖系统各个环节的碳排放量，并提出了有效的奶牛养殖业碳减排方法[148]。

综上所述，尽管国内外的学者已经从不同领域、层面对碳足迹展开了研究，且已取得了丰硕的研究成果，但从微观层面定量分析冷链物流行业碳足迹的研究却仍处于起步阶段，并且近年来，随着网络信息技术的发展、智能设备的完善，我国的电子商务得到了迅猛发展，在中国走出了一条不同于传统交易模式的新型道路，更是带动了农产品生鲜等冷链物流的迅速崛起，占据了物流行业的半壁江山。因此，本章选取电商模式下的农产品冷链物流作为研究对象，通过构建其碳足迹计算模型，定量分析整个冷链物流环节的碳排放特征，明确电商模式下的农产品冷链物流碳排放的影响因素，以及碳减排的作用机理，这对于冷链物流企业的碳减排工作具有重要的指导意义。

2.1 碳足迹的计算方法

2.1.1 碳足迹计算方法概述

碳足迹一词是在全球气候变暖环境问题日益严重的背景下提出的，它是一个用于描述某个特定活动或实体产生的温室气体排放量的专业术语。尽管对碳足迹的定义仍有诸多争论，但是借助碳足迹的计算能够系统的评价各项生产活动中，由人为因素引起直接和间接的碳排放总量，可以定量测算各项生产活动对环境产生的影响，对于指导碳减排有着举足轻重的意义。通过梳理文献发现当前最常用也最受认可的碳足迹计算方法大致可以分为以下 4 种。

1. 生命周期法（LCA）

生命周期法也被称为过程分析法，是用来测量一个产品或是服务在其整个生命历程中产生的温室气体量，是衡量一个产品或服务对环境产生影响的工具。基于过程的 LCA 法是一种自下而上（Bottom – up）的分析方法，它包括了产品"从出生到坟墓"的整个过程，计算结果较为详细。但由于在系统边界确定过程中，主观判断失误等原因难以避免地会出现漏算或多算，且数据收集的准确性难以保障，因此该方法多数用于计算微观层面的碳排放，基本不适用于区域及以上范围碳足迹研究[149]。

2. 投入产出法（IO）

与 LCA 法不同，投入产出法是从产品或者服务终端开始向顶层逐步研究的"自下而上"的计算方法。使用投入产出法进行碳足迹测量，主要是通过将各个部门或产业间的二氧化碳的排放数据绘制成投入产出表，构造数学模型，从而可以得到各部门在整个产品或服务诞生这一过程中所产生的二氧化碳的排放量。整个过程具有较好整体系统性，为碳足迹评估提供了稳健的、综合性强的评估方法[150]。但计算中所需数据量太多，不易收集，因此该方法大多用于计算宏观层面的碳排放量[151]。

3. IPCC 碳排放系数法

IPCC 碳排放系数法是指由联合国气候委员会编写的温室气体指南。在最新修订的《2006 年 IPCC 国家温室气体清单指南》中，其研究的区域被分为四部分：能源部门、工业过程与产品使用部门、废弃部门、农林与土地利用变化部门，根据不同的部门，介绍了不同的计算模型方法。因此，IPCC 排放系数法适用于数据难以获取且较复杂活动碳足迹的计算[152]。比较通用的计算方式为

$$碳排放量 = 活动量 × 二氧化碳排放因子$$

受区域差异的限制，各国的排放因子有很大差异。IPCC 计算法较为全面地考虑了这些影响因素，并且涵盖了几乎所有温室气体排放，根据特定情况给出了不同产业、不同国家的默认排放因子，避免了因笼统分析可能产生的不准确性[151]。该方法一般不单独使用，多与其他方法综合使用。

4. 碳足迹计算器

碳足迹计算器是一种依靠网络信息技术开发的、用以计算日常生活产生的碳排放量的一个软件。该种方法操作起来简单易懂，只需要根据要求输入数

据，就可以马上获取活动产生的碳排放量。

2.1.2　农产品冷链物流碳足迹计算方法的选取与介绍

本书选取生命周期法研究农产品冷链物流的碳足迹，2.1.1节中已经介绍了目前最常用的4种碳足迹核算方法，下面主要详细介绍本书研究农产品冷链物流碳足迹选取的生命周期法。

产品的生命周期分析法是国外已广泛应用的一种清洁生产分析方法。生命周期分析能够帮助相关企业在进行生产决策时，确定使用哪些原材料与能源、采用什么方式来减少废物排放。借助于它可以阐明在产品的整个生命周期中的各个阶段对环境造成影响的性质和影响的大小，从而发现和确定预防污染的机会，还可帮助人们进行有关如何改变产品或如何设计替代产品方面的环境决策。企业采用生命周期分析方法可以增加其产品有利于环境的特性，不仅承担了企业社会责任，更提高了市场竞争力。目前已经有越来越多的企业采用生命周期分析方法来帮助其作出环境和商业决策。

LCA法的主要计算依据为PAS 2050《商品和服务生命周期温室气体排放评估规范》（*Specification for the Assessment of the Life Cycle Greenhouse Gas Emissions of Goods and Services*）。作为全球首个碳足迹评估标准，它是在2008年10月29日由英国标准协会（British Standards Institution，BSI）、碳信托（Carbon Trust）和英国环境食品与农村事务部联合发布。PAS 2050是一项独立的标准，是用于计算产品或服务在一个完整生命周期内（从原材料的获取，到生产、分销、使用和废弃后的处理）的温室气体排放量[144]。其目的在于为企业提供一种合理的、可靠的碳足迹测量方法，企业在管理自身生产过程中所形成的温室气体排放量的同时，寻找在产品设计、生产和供应等过程中降低温室气体排放的机会，对产品或服务进行方法改良，研发新型低碳的产品或服务。

最早的生命周期分析可追溯到20世纪60年代，当时被称为资源与环境状况分析（Resource and Environmental Profile Analysis，REPA），美国可口可乐公司用这一方法对不同种类的饮料容器的环境影响进行评价研究，该研究使可口可乐公司抛弃了过去长期使用的玻璃瓶，转而采用塑料瓶包装。20世纪70年代，由于能源的短缺，许多制造商认识到提高能源利用效率的重要性，于是开发出一些方法来评估产品生命周期的能耗问题，以提高总能源利用效率。后来这些方法进一步被扩大到资源和废弃物方面。

到 20 世纪 80 年代初，一方面，随着工业生产对环境影响的增加，以及严重环境事件的发生，促使企业要在更大的范围内更有效地考虑环境问题。另一方面，随着一些环境影响评价技术的发展，如对温室效应和资源消耗等的环境影响定量评价方法的发展，生命周期分析方法日臻成熟。

虽然 LCA 的概念早在 20 世纪 60 年代就已经萌芽，并且在 70 年代、80 年代，也有许多致力于 LCA 方法发展的研究，但直至 20 世纪 90 年代，LCA 方法才正式在国际上得到官方认可。进入 20 世纪 90 年代后，由于"美国环境毒理和化学学会"（The Society of Environmental Toxicology and Chemistry，SETAC）和欧洲"生命周期分析开发促进会"（Society for Promotion of Life-cycle Assessment Development，SPOLD）的推动，该方法在全球范围内得到广泛应用。1992 年，SETAC 出台了生命周期分析的基本方法框架，被列入 ISO 14000 的生命周期分析标准草案中。1992 年，欧洲联合会开始执行"生态标签计划"，其中生命周期的概念作为产品选择的一个标准。

1997 年国际标准化组织正式出台了"ISO 14040 环境管理生命周期评价原则与框架"，以国际标准形式提出了生命周期分析方法的基本原则与框架。

ISO 14040 标准将 LCA 的实施步骤分为目的与范围的确定、清单分析、影响评估和结果解释四个阶段，具体如图 2.1 所示。

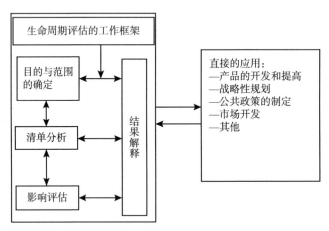

图 2.1　LCA 的实施步骤

LCA 的实施包括以下步骤。

1. 目的与范围的确定

目的与范围的确定是 LCA 法的第一步，在该阶段一般首先要明确地阐述研究的目的与原因、研究的范围，在 LCA 研究范围中，应清晰地确定所研究系统的功能、功能单位、系统的边界、数据质量的要求等。系统的边界需要确定哪些单元过程应包括在 LCA 中，通常用流程图描述。功能单位的目的是提供一个参照单位以使清单数据标准化。功能单位的定义取决于环境的影响类别和调查的目的。功能单位通常是基于所研究产品的质量确定的。

根据 PAS 2050 的规定，界定的生命周期边界一般包括：①原材料，即农业的排放包括农耕牧渔中的温室气体排放，如施肥、改变土地利用、农作物和牲畜的排放等；②能源；③生产资料；④制造和供应；⑤运作处所；⑥运输；⑦仓储；⑧使用；⑨处置等。然而，人力的耗费，员工到工作单位的运输、由动物提供的运输服务等活动都是排除的边界，在生命周期分析时不进行考虑[153]。

2. 清单分析

清单分析的任务是收集数据，并通过一些计算给出该产品系统各种输入输出，作为下一步影响评价的依据。输入的资源包括物料和能源，输出的资源除了产品外，还有向大气、水和土壤排放的物质。在计算能源时要考虑使用的各种形式的燃料与电力、能源的转化和分配效率以及与该能源相关的输入输出。由于数据收集的复杂性，清单分析往往是 LCA 法中最耗费时间、最复杂的一个过程。

3. 影响评估

LCA 中的影响评估阶段是指运用生命周期清单分析结果评价潜在的重大的环境影响的过程，是对清单分析中所辨识出来的环境负荷的影响作定量或定性的描述和评价，它可以将清单数据进一步与环境影响联系起来，让非专业的环境管理决策者更容易理解。研究的深度、对环境影响类别和评价方法的选择均取决于研究的目的和范围。影响评估阶段应包括以下步骤。

（1）将清单分析的数据与环境影响类别相对应（分类）。

（2）根据影响的类别建立清单数据的处理模式（模式化）。

（3）结合具体的案例研究，在有意义时应尽可能将结果集合化（权重）。

进行环境影响评价的方法和科学的基准体系仍在不断的发展之中。不同的影响类别其评价模式的发展程度是不同的。目前尚没有一种可接受的通用的方法，对清单分析数据所对应的各类环境影响进行精确的、一致的评估。因此，在生命周期影响评估阶段存在主观性，如对影响类别的选择、模式化和评价过程。因此，影响评估有良好的透明度，以保证所使用的假设得到清晰的描述和报告。

根据 PAS 2050 和生命周期评价法的规定，总结得出产品或者服务碳足迹的一般计算思路。

（1）建立产品或服务的生命周期流程图，该过程需要充分考虑整个产品或服务从出生到销毁的所有流程环节。

（2）确定系统边界，根据研究的目的，确定整个系统的边界，也就是确定产品或服务生命周期的各个环节，该过程具有一定的主观性，可以根据研究目的及现实情况进行调整。

（3）收集数据，根据碳足迹计算公式

$$某项活动的碳足迹 = 动态数据 \times CO_2 排放系数$$

可知，在收集数据时需要收集两类数据，即动态数据和对应的碳排放系数。

（4）计算产品或服务的碳足迹。

4. 结果解释

LCA 的结果解释阶段是将清单分析和影响评估的发现（或仅从清单分析中的发现），与研究的目的、范围综合分析得出结论与建议的过程。根据研究的目的与范围，结果解释阶段的发现可成为向决策者提供的有关研结论或建议。LCA 的结果解释阶段是一个对所研究范围不断评审和改进的过程，所收集数据的性质与质量要符合研究目的。释义阶段的发现应反映出所进行的敏感性分析的结果。尽管在结果解释阶段得到的那些发现可能暗示某些决定或行动，但在超出其研究范围时，会由于技术、社会、经济因素使这些决定或行动变得不适合。

2.2 农产品冷链物流的碳足迹分析

2.2.1 系统边界的确定

与传统线下销售的冷链物流模式不同，本章所研究的对象为当前流行的电商模式下的冷链物流运作流程，整个冷链物流的运作碳排放边界界定为：从农产品的采收预冷开始到根据不同的订单分派到不同的顾客手中为止。根据整个冷链物流的运作流程可以将其分为5个过程：①产品预冷过程；②产品采购过程；③产品冷藏过程；④订单总配送过程；⑤单个订单分派过程。

出于计算考虑，本书只考虑整个农产品冷链运作过程产生的直接碳排放，而农产品的包装、人力消耗等间接碳排放不考虑在内。

2.2.2　电商模式下农产品冷链物流运作各个过程碳排放分析

通过分析，将电商模式下冷链物流整个生命周期分为以下5个过程。

1. 产品预冷过程

各种农产品在采收后，营养成分、颜色、味道等各种品质就开始下降，而这些往往就是人们衡量产品品质的重要标准。为了避免这些现象的发生需要对产品进行预冷处理，在预冷中心将刚刚才采收后的农产品的中心温度快速降到适合冷藏运输、低温仓储的温度。在这一过程中碳排放主要由相关的预冷设备运作消耗电能产生。

2. 产品采购过程

农产品在预冷后，需要用冷藏车将其运输到冷库中心，整个过程中货物的装卸需要叉车搬运，冷藏车装货之前还需要快速的预冷处理，产品采购过程中的碳排放主要由运输过程车辆行驶、车辆制冷所消耗的能源产生。

3. 产品冷藏过程

与传统的线下销售线下配送的方式不同，本书研究的农产品冷链物流是基于电商模式下的，因此与线下销售一个个批发商大批量订购的情形不同，该模式下每个订单购买的产品数量一般较少但订单量庞大。产品运到冷库中心需要冷藏一定时间，等待顾客下单后才能配送，此过程产品冷藏保存在冷库中，相应的设备运作需要消耗电能，从而会产生碳排放。

4. 订单总配送过程

顾客在购买了生鲜农产品后，企业要根据订单将指定的农产品配送至顾客所在地区的总分派点。该过程中农产品的装卸需要叉车，冷藏车装货前需要预冷，车辆的行驶需要耗油，同时冷藏车为了保持货物的品质还需要制冷，整个过程会消耗能量，从而产生碳排放。

5. 单个订单分派过程

冷藏车将产品运到顾客所在地区的总分派点后，快递员需要按照订单逐个配送，为了保持产品的品质，一般会采用保温箱和冰块结合来派送。此过程会消耗大量的冰块，生产冰块的过程需要消耗电能，从而会产生碳排放。

2.2.3 模型的假设与构建

碳排放模型定义中有关变量设置为：E 表示整个冷链过程的碳排放总量；E_i 表示第 i 个过程的碳排放总量；E_{ij} 表示第 i 个过程第 j 个步骤产生的碳排放量；Q_{ij} 表示第 i 个过程第 j 个步骤消耗的相应能源；C_{ij} 表示第 i 个过程第 j 个步骤消耗的相应能源的碳排放系数；T_{ij} 表示第 i 个过程第 j 个步骤耗时；S_{ij} 表示第 i 个过程第 j 个步骤运行距离。

$$E = \sum_{i=1}^{5} E_i \qquad (2-1)$$

$$E_i = \sum_{j=1}^{n} E_{ij} \qquad (2-2)$$

$$E_{ij} = Q_{ij} \times C_{ij} \qquad (2-3)$$

1. 产品预冷过程

在农产品预冷中心，将刚刚采收后的农产品进行预冷处理，该过程中只有一项产品预冷活动耗能，直接产生了碳排放。

M_1 为本次采购的农产品的总质量；ΔT 为农产品预冷之前的温度和预冷之后温度之差；C_1 为该农产品的比热容，即单位产品每降低或升高单位温度所需消耗的能量。

$$Q_{11} = M_1 \times \Delta T \times C_1 \qquad (2-4)$$

2. 产品采购过程

农产品经过预冷处理后，会被运往物流企业的冷库中心进行一段时间的低温仓储，该过程中共有 5 项活动直接产生了碳排放，为了清晰表示，现将 5 项活动进行排序，分别是：①冷藏车装货前预冷；②冷藏车装货物时使用叉车；③冷藏车正常行驶；④冷藏车运输过程制冷；⑤冷藏车卸货时使用叉车。

该过程中相应的变量设置为：P_1 为叉车的功率（本书假设作业过程中的功率是稳定的）；P_2 为冷藏车制冷时的功率；P_3 为冷藏车行驶时的功率；N 为

使用的冷藏车的数量；S_{23} 为产品预冷中心到冷库中心的距离；L 为冷藏车的百公里耗油量。

$$Q_{21} = T_{21} \times P_2 \times N \qquad (2-5)$$

$$Q_{22} = T_{22} \times P_1 \qquad (2-6)$$

$$Q_{23} = S_{23} \times L \times N \qquad (2-7)$$

$$Q_{24} = T_{24} \times P_2 \times N \qquad (2-8)$$

$$Q_{25} = T_{25} \times P_1 \qquad (2-9)$$

3. 产品冷藏过程

农产品在冷库中心低温冷藏过程中只有一项活动产生了直接碳排放，冷库的使用需要耗能。

该过程中相应的变量设置为：P_4 为冷库的运行功率；M_1 为本次采购的农产品的总质量；M_2 是冷库所装纳的所有产品的总质量。

$$Q_{31} = T_{31} \times P_4 \times \frac{M_1}{M_2} \qquad (2-10)$$

4. 订单总配送过程

订单总配送过程与农产品的采购过程类似，共有 5 项子活动产生了直接碳排放。为了清晰表示，现将 5 项活动进行排序，分别是：①冷藏车装货前预冷；②冷藏车装货物时使用叉车；③冷藏车正常行驶；④冷藏车运输过程制冷；⑤卸货时使用叉车。

该过程中相应的变量设置为：S_{43} 是指冷库中心到配送中心的距离，其余变量设置同上。

$$Q_{41} = T_{41} \times P_2 \times N \qquad (2-11)$$

$$Q_{42} = T_{42} \times P_1 \qquad (2-12)$$

$$Q_{43} = S_{43} \times L \times N \qquad (2-13)$$

$$Q_{44} = T_{44} \times P_2 \times N \qquad (2-14)$$

$$Q_{45} = T_{45} \times P_1 \qquad (2-15)$$

5. 单个订单分派过程

快递员从总分派点出发，将产品按照订单派送给每一个顾客。在该过程中快递员需要使用冰块保持农产品产品低温状态，而使用冰块会耗能产生直接碳排放。

该过程中相应的变量设置为：M_3 为单位农产品在派送过程中需要消耗的

能量；C_2 为水的比热容；ΔT 为水冻结成冰块后的温度与之前的温度之差。

$$Q_{51} = M_1 \times M_3 \times C_2 \times \Delta T \qquad (2-16)$$

2.3　实证分析

现以运输 1 吨新鲜桃子的冷链物流为例，运用以上模型来计算整个冷链运作过程的碳排放量。

假设该物流企业位于北京，整个冷链物流运输过程使用的冷藏车为依维柯得意 KFT5041XLC4E 型冷藏车，制冷机组为三菱 FA-21MST；装卸货物使用的叉车为柳工 CPD-15 型叉车；冷库 40 立方米，共容纳了 6 吨需冷藏的物品，选用的是 6 匹的 BFT-60ZT 制冷机组；相关参数见表 2.1～表 2.4。产地距离冷库中心 100km，冷库中心距离总的总派送点 150km，冷藏车平均以 100km/h 的速度行驶。每批产品平均 3 天时间卖出。根据搜集的数据，使用本书构建的碳排放计算模型，来计算整个环节的碳排放量。

表 2.1　　　　　　　　　　　　　　冷藏车参数

品牌	型号	燃油种类	额定载重量	百公里耗油
依维柯	KFT504XLC4E	柴油	1105kg	11.9L

数据来源：http://www.kfjq.com/product-159.html。

表 2.2　　　　　　　　　　　　　　制冷机组参数

品牌	型号	功率
三菱	FA-21MST	2.2kW

数据来源：http://product.gongchang.com/c3298/CNC1579875224.html。

表 2.3　　　　　　　　　　　　　　叉车参数

品牌	型号	运行电机功率	起升动机功率	转向电机功率
柳工	CPD-15	5kW	6.3kW	0.55kW

数据来源：http://www.aibang.com/kunming/jiancai_373085f5a1d64b98/。

表 2.4   碳排放系数

能源 C	能源 C 的碳排放系数	数据来源
柴油	$2.63kg\ CO_2/L$	蔡依平（2014）[154]
电能（火力发电）	$0.9439kg\ CO_2/kWh$	张诚（2015）[155]
热能（北京）	$1127.8402kg\ CO_2/10^7kJ$	张诚（2015）[155]

2.3.1 农产品冷链物流生命周期各个环节碳排放计算

1. 产品预冷过程

桃子比热容和最佳仓储温度见表 2.5。

表 2.5   桃子比热容和最佳仓储温度

产品名称	比热容/[kJ/(kg·℃)]	最佳仓储温度/℃	数据来源
桃子	3.82	0	秦玉鸣（2014）[156]

假设新采摘的桃子的温度即为室外的温度25℃。查阅资料可知水的比热容为4.2kJ/（kg·℃）。则有

$$Q_{11} = M_1 \times \Delta T \times C_1 = 1000kg \times (25-0)℃ \times 3.82kJ/(kg·℃) = 95500kJ$$

$$E_1 = E_{11} = Q_{11} \times C_{11} = 95500kJ \times 1127.8402kg\ CO_2/10^7kJ = 10.7709kg\ CO_2$$

2. 产品采购过程

据调查冷藏车在装货之前需要对车厢进行预冷处理，以排走滞留在车厢内的热量，查阅资料可知预冷1.5小时是比较合适的，故此处假设冷藏车预冷时间为1.5小时，且消耗的能源为电能。

假设叉车需要工作30分钟，其中运行耗时20分钟，起升耗时5分钟，转向耗时5分钟。

车辆平均以100km/h的速度行驶，由预冷中心到达冷库中心需要行驶10h。则有

$$Q_{21} = T_{21} \times P_2 \times N = 1.5h \times 2.2kW \times 1 = 3.3kWh$$

$$E_{21} = Q_{21} \times C_{21} = 3.3kWh \times 0.9439kgCO_2/kWh = 3.11487kgCO_2$$

$$Q_{22} = T_{22} \times P_1 = \frac{1}{3}h \times 5kW + \frac{1}{12}h \times 6.3kW + \frac{1}{12}h \times 0.55kW = 2.2375kWh$$

$$E_{22} = Q_{22} \times C_{22} = 2.2375 \text{kWh} \times 0.9439 \text{kgCO}_2/\text{kWh} = 2.1120 \text{kgCO}_2$$

$$Q_{23} = S_{23} \times L \times N = 1 \text{百公里} \times 11.99 \text{L}/\text{百公里} \times 1 = 11.99 \text{L}$$

$$E_{23} = Q_{23} \times C_{23} = 11.99 \text{L} \times 2.63 \text{kgCO}_2/\text{L} = 31.5337 \text{kgCO}_2$$

$$Q_{24} = T_{24} \times P_2 \times N = 1 \text{h} \times 2.2 \text{kW} \times 1 = 2.2 \text{kWh}$$

$$E_{24} = Q_{24} \times C_{24} = 2.2 \text{kWh} \times 0.9439 \text{kgCO}_2/\text{kWh} = 2.0766 \text{kgCO}_2$$

$$Q_{25} = T_{25} \times P_1 = \frac{1}{3}\text{h} \times 5\text{kW} + \frac{1}{12}\text{h} \times 6.3\text{kW} + \frac{1}{12}\text{h} \times 0.55\text{kW} = 2.2375 \text{kWh}$$

$$E_{25} = Q_{25} \times C_{25} = 2.2375 \text{kWh} \times 0.9439 \text{kgCO}_2/\text{kWh} = 2.1120 \text{kgCO}_2$$

$$E_2 = E_{21} + E_{22} + E_{23} + E_{24} + E_{25} = 40.9492 \text{kgCO}_2$$

3. 产品冷藏过程

冷库可容纳 6 吨物品，每批产品平均 3 天卖出。则有

$$Q_{31} = T_{31} \times P_4 \times \frac{M_1}{M_2} = 3 \times 24 \text{h} \times 6\text{kW} \times \frac{1\text{t}}{6\text{t}} = 72 \text{kWh}$$

$$E_{31} = Q_{31} \times C_{31} = 72 \text{kWh} \times 0.9439 \text{kgCO}_2/\text{kWh} = 67.9608 \text{kgCO}_2$$

$$E_3 = E_{31} = 67.9608 \text{kgCO}_2$$

4. 订单总配送过程

冷藏车平均以 100km/h 的速度行驶，由冷库中心到达总的分派点需要 1.5h。则有

$$Q_{41} = T_{41} \times P_2 \times N = 1.5 \text{h} \times 2.2 \text{kW} \times 1 = 3.3 \text{kWh}$$

$$E_{41} = Q_{41} \times C_{41} = 3.3 \text{kWh} \times 0.9439 \text{kgCO}_2/\text{kWh} = 3.11487 \text{kgCO}_2$$

$$Q_{42} = T_{42} \times P_1 = \frac{1}{3}\text{h} \times 5\text{kW} + \frac{1}{12}\text{h} \times 6.3\text{kW} + \frac{1}{12}\text{h} \times 0.55\text{kW} = 2.2375 \text{kWh}$$

$$E_{42} = Q_{42} \times C_{42} = 2.2375 \text{kWh} \times 0.9439 \text{kgCO}_2/\text{kWh} = 2.1120 \text{kgCO}_2$$

$$Q_{43} = S_{43} \times L \times N = 1.5 \text{百公里} \times 11.99 \text{L}/\text{百公里} \times 1 = 17.985 \text{L}$$

$$E_{43} = Q_{43} \times C_{43} = 17.985 \text{L} \times 2.63 \text{kgCO}_2/\text{L} = 47.3006 \text{kgCO}_2$$

$$Q_{44} = T_{44} \times P_2 \times N = 1.5 \text{h} \times 2.2 \text{kW} \times 1 = 3.3 \text{kWh}$$

$$E_{44} = Q_{44} \times C_{44} = 3.3 \text{kWh} \times 0.9439 \text{kgCO}_2/\text{kWh} = 3.1149 \text{kgCO}_2$$

$$Q_{45} = T_{45} \times P_1 = \frac{1}{3}\text{h} \times 5\text{kW} + \frac{1}{12}\text{h} \times 6.3\text{kW} + \frac{1}{12}\text{h} \times 0.55\text{kW} = 2.2375 \text{kWh}$$

$$E_{45} = Q_{45} \times C_{45} = 2.2375 \text{kWh} \times 0.9439 \text{kgCO}_2/\text{kWh} = 2.1120 \text{kgCO}_2$$

$$E_4 = E_{41} + E_{42} + E_{43} + E_{44} + E_{45} = 57.7543 \text{kgCO}_2$$

5. 单个订单分派过程

假设之前的水温为 25℃，冻结到冰需要降到 0℃，水的比热容为 4.2kJ/

（kg·℃）；每 1kg 桃子在配送阶段需要 0.05kg 的冰块（冰袋）。则有

$$Q_{51} = M_1 \times M_3 \times C_2 \times \Delta T = 1000 \times 0.05\text{kg} \times 4.2\text{kJ}/(\text{kg} \cdot \text{℃}) \times (25-0)\text{℃} = 5250\text{kJ}$$

$$E_{51} = Q_{51} \times C_{51} = 5250\text{kJ} \times 1127.8402\text{kgCO}_2/10^7\text{kJ} = 0.5921\text{kgCO}_2$$

$$E_5 = E_{51} = 0.5921\text{kgCO}_2$$

6. 冷链运输全过程

$$E = \sum_{i=1}^{5} E_i = \sum_{i=1}^{5} \sum_{j=1}^{n} E_{ij} = 178.0272\text{kgCO}_2$$

2.3.2　实证结果

将以上实证分析的数据进行整理归纳，得出表 2.6 和图 2.2。

表 2.6　　　　　1 吨新鲜桃子在冷链物流运输过程的耗能及碳排放

阶段	阶段总碳排放量/kgCO$_2$	活动	活动耗能量	活动碳排放量/kgCO$_2$
产品预冷过程	$E_1 = 10.7709$	农产品在预冷中心预冷	$Q_{11} = 95500\text{kJ}$（热能）	$E_{11} = 10.7709$
产品采购过程	$E_2 = 40.9492$	冷藏车装货前预冷	$Q_{21} = 3.3\text{kWh}$（电能）	$E_{21} = 3.11487$
		冷藏车装货物时使用叉车	$Q_{22} = 2.2375\text{kWh}$（电能）	$E_{22} = 2.1120$
		冷藏车运输过程行驶	$Q_{23} = 11.99\text{L}$（柴油）	$E_{23} = 31.5337$
		冷藏车运输过程制冷	$Q_{24} = 2.2\text{kWh}$（电能）	$E_{24} = 2.0766$
		冷藏车卸货时使用叉车	$Q_{25} = 2.2375\text{kWh}$（电能）	$E_{25} = 2.1120$
产品冷藏过程	$E_3 = 67.9608$	农产品冷库低温保存	$Q_{31} = 72\text{kWh}$（电能）	$E_{31} = 67.9608$
订单总配送过程	$E_4 = 57.7543$	冷藏车装货前预冷	$Q_{41} = 3.3\text{kWh}$（电能）	$E_{41} = 3.11487$
		冷藏车装货物时使用叉车	$Q_{42} = 2.2375\text{kWh}$（电能）	$E_{42} = 2.1120$
		冷藏车运输过程行驶	$Q_{43} = 17.985\text{L}$（柴油）	$E_{43} = 47.3006$
		冷藏车运输过程制冷	$Q_{44} = 3.3\text{kWh}$（电能）	$E_{44} = 3.1149$
		冷藏车卸货时使用叉车	$Q_{45} = 2.2375\text{kWh}$（电能）	$E_{45} = 2.1120$
单个订单分派过程	$E_5 = 0.5921$	订单分派时使用冰块	$Q_{51} = 5250\text{kJ}$（热能）	$E_{51} = 0.5921$

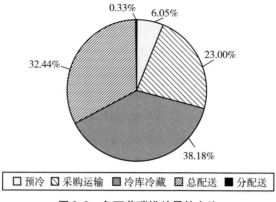

图 2.2 各环节碳排放量的占比

表 2.6 和图 2.2 表示了在运输 1 吨新鲜桃子的冷链物流各个环节中的碳排放量，其占比依次是：①冷库冷藏环节（38.18%）；②总配送环节（32.44%）；③采购运输环节（23.00%）；④预冷环节（6.05%）；⑤分配送环节（0.33%）。

对新鲜桃子的生命周期分析表明，冷库冷藏环节也以 38.18% 的排放比例位居第一，本章节所研究的对象为新鲜桃子在电商模式下的冷链物流运作流程。冷库冷藏环节的碳排放量主要来源于冷库制冷消耗能量排放的，取决于桃子在冷库中存放的时间，受销售订单量的限制，订单量越少，桃子在冷库中存放的时间也就越长，冷库需要消耗的能量也就越多，碳排放量也就越高。因此，增加新鲜桃子的销售量、减少新鲜桃子在冷库中的存放时间是减少整个冷链物流碳排放量的重要方式之一。

总配送环节以 32.44% 的碳排放比例位居第二，该环节是整个冷链物流碳排放量的主要贡献者，主要是由于总配送环节的专用冷藏车辆在行驶过程中需要消耗大量的能源制冷、行驶。可以发现随着运输距离的加大，消耗的能源也会随之增加，且无论是采购运输环节或是总配送环节，这些环节的主要碳排放量都是由于冷藏车的行驶和制冷消耗能源排放的，因此冷藏车的恰当选取及运输距离的长短对总配送环节乃至整个冷链物流的碳排放量的控制具有决定性的作用。

其次，采购运输环节以及预冷环节分别以 23.00% 和 6.05% 的碳排放量位居第三和第四，采购运输环节的碳排放量来源与总配送环节类似，均是大多自冷藏车行驶制冷消耗能源产生的碳排放量，而冷藏车耗能的多少一方面取决于冷藏车本身的参数性能等，另一方面取决于冷库中心距离农产品产地的距离，随着距离的加大能源消耗量以及伴随而来的碳排放量必定也会加大，因此与总配送环节一样，缩短运输距离以及投入使用高性能节能冷藏车是该农产品冷链物流中一种较为有效且直接的减排途径。

2.4　研究结论与建议

2.4.1　研究结论

本章结合生命周期法的基本原理，在了解电商农产品冷链物流各个运作环节的基础上，构建了一种适用于电商农产品冷链物流碳足迹评估的模型。该模型分别根据农产品冷链物流的预冷、采购、冷藏、订单总配送、单个订单配送这五个环节的碳排放特性，构建了各个环节的碳排放量的计算公式，根据对应的公式即可量化各个环节的碳排放量。最后该研究选取1吨新鲜桃子为例，运用该模型进行了实证分析，得出了相应碳排放量数据，并根据分析得出以下结论。

（1）在该农产品冷链物流整个生命周期中，碳排放量占比38.18%的冷库冷藏环节是第一大排放环节，且随着农产品的平均销售时间增长，对应的冷库冷藏时间会增加，冷库耗能产生的碳排放也会随之增加。

（2）在该农产品冷链物流整个生命周期中，碳排放量第二的是订单总配送环节，且其中的碳排放量主要是由于使用冷藏车辆行驶途中耗油、耗电产生的，因此如果订单配送的距离较远，或是冷藏车不够节能都会使碳排放量增加。

（3）在该农产品冷链物流整个生命周期中，碳排放量第三的是占比为23.00%的采购运输环节，与订单总配送环节类似，该环节的碳排放量主要来自冷藏车行驶、制冷消耗能量产生的碳排放。因此，恰当的冷库中心选址（缩短运输距离）选取节能的新型冷藏车、缩短运输距离可以说是订单总配送环节与采购运输环节的碳减排的主要方式。

（4）在该农产品冷链物流整个生命周期中，预冷环节产生的碳排放量占比仅为6.05%。根据研究当果蔬以20℃的温度入库时，所需释放的热量是以0℃的温度入库的果蔬的40~50倍[157]。因此，在该冷链物流中如果新鲜桃子以 20℃的温度，未经过预冷就入库，则在冷库冷藏环节产生的碳排放量就会是本章研究所得出的预冷环节碳排放量的 40～50 倍。由此可知农产品的预冷环节对冷链物流的节能减排有着至关重要的作用。

2.4.2　研究建议

近年来我国电子商务发展迅速，农产品电商更是各大电商界的巨头进一步抢占的领域，同时也是我国政府为解决"三农问题"重点扶持的产业。因此做好电商平台农产品冷链物流的节能减排工作，在减少对环境产生的负影响的基础上，追求经济效益，实现企业效益和社会效益的共同发展势在必行。根据对研究结果的分析，给出了以下几点建议。

（1）农产品电商平台的推广与农产品冷链物流发展应齐头并进，缺一不可。对于依靠电商平台销售的农产品冷链物流，农产品销售时间的快慢直接决定着农产品需要在冷库中冷藏的时间，冷藏时间越久，耗能产生的碳排放量也就越大。同时尽管有着低温环境的保证，农产品仍在逐渐发生着细微的变化，无论是产品的新鲜度、含水量或是质量都在走下坡路。因此不仅冷链物流的完善程度，农产品电商平台的销售能力在冷链物流的碳减排中也有着决定性作用。

（2）研发新型节能的农产品冷藏车，鼓励冷链物流企业选取新型节能冷藏车。作为低温冷链物流中最重要的一种低温设备，冷藏车能保障产品的安全，其重要性不言而喻，在本章研究中，整个农产品冷链物流生命周期中由于使用冷藏车产生的碳排放占比达 50.70%，是最大的碳排放源。因此，企业要响应国家的号召，促进低碳经济发展，实现农产品冷链物流的碳减排，向绿色企业迈进，就必须要克服冷藏车大量耗能这一短板，加快绿色节能型冷藏车辆的研发。但出于"经纪人"的角度，盈利是企业的首要目标，而选取新型的冷藏车企业势必需要投入大量的资金，因此在研发新型节能冷藏车的同时，还需要国家出台相关补贴政策，鼓励企业选取新型冷藏车。

（3）加大投资力度，在不同的地域建设（或者租赁）专业性的冷库，构建比较完整的冷链物流网络，减少物流冷链断链的风险，同时坚持农产品就地取材，以减少由于农产品跨地域长途运输而产生的品质损耗，以及大量的碳排放。

第3章
农产品冷链物流碳减排的机理分析

自 2010 年国家发展改革委出台了有关农产品冷链物流的一系列扶持政策以来，农产品冷链物流在日常生活中扮演着越来越重要的角色，而作为能源消耗大户的冷链物流业，在低碳经济的背景下，节能减排势在必行。为了改变冷链物流业的环境效益与经济效益，形成冷链物流环境与经济友好发展的双赢局面，对农产品冷链物流碳排放的影响机理进行更深入研究，探索出影响冷链物流碳排放因素，对症下药采取更高效的碳减排措施是非常有必要的。

首先，本章对农产品冷链物流的相关理论知识进行了介绍，并基于已有的研究阐述了影响农产品冷链物流碳排放的主要因素，进而提出各影响因素与碳排放之间关系的研究假设，构造路径分析模型。其次，基于 2006—2015 年农产品冷链物流的相关数据使用多元线性回归测算了各影响因素对农产品冷链物流碳排放的路径系数，检验研究假设，深入分析了各影响因素对碳排放的影响程度，进而研究农产品冷链物流碳排放影响机理。研究发现能源消耗总量直接影响碳排放量，而运输距离和运输方式则是通过能源消耗总量间接影响碳排放。最后，提出了一些降低农产品冷链物流碳排放的改进措施。

3.1　农产品冷链物流碳排放的影响因素

3.1.1　研究方法介绍

本章旨在研究农产品冷链物流碳排放各影响因素的强弱关系。路径分析（Path Analysis）由美国遗传学家塞沃尔·赖特（Sewall Wright，1921）提出，是用来分析变量间的因果关系的分析方法。路径分析能够检验一个假设的因果模型的准确和可靠程度，测量变量间因果关系的强弱程度，这与本书研究分析各影响因素对碳排放的强弱影响有异曲同工之妙，因此本章也采用路径分析法来进行研究。

路径分析又称通径分析，它以多元线性回归为基础，并且是线性回归分析的深化和拓展，主要用于验证性的统计分析。根据理论分析变量间的关系，并利用其建立初始路径图，借助回归分析建立有效路径图，对变量间的关系作出合理的解释。原因变量对结果变量的直接影响和间接影响用明确的数据大小来表示，即通过分解原因变量和结果变量之间的相关系数，其相关系数的大小即为影响系数的大小。对于一个相关联的系统，有一个因变量 y 与 n 个自变量 x_i（$i=1$，2，$\cdots$，n）间存在线性关系，将 b_{ij} 定义为自变量 x_i 和 x_j 之间的路径系数，e 定义为残差变量，其模型表达式为

$$y_1 = b_{11}x_1 + b_{12}x_2 + \cdots + b_{1n}x_n + b_{1e}x_e \qquad (3-1)$$

3.1.2　农产品冷链物流碳排放影响因素分析

目前对冷链物流碳排放量的计算还没有比较精确有效的方法，并且本章研究视角是基于全国农产品冷链物流的碳排放，难以进行精确的计算，误差的存在是必然的，由此选取有效的估算值显得尤为重要。从分析农产品冷链物流的碳排放途径和参考已有关于整个物流业碳排放影响因素文献研究发现[144][157][158]：在宏观上，总结出来的影响物流碳排放的影响因素主要有能源消费结构、运输方式、运输距离、经济增长和物流业的发展水平五个因素。农

产品冷链物流与一般物流业相比较，最主要的差异就是冷链物流需要全程控温运输，其比普通物流排放更多的二氧化碳的根本原因是其冷藏设备所耗的能源。以下是基于理论研究对农产品冷链物流的碳排放的主要影响因素进行归纳总结。

1. 能源结构和能源消耗量

根据农产品冷链物流的直接碳排放、间接碳排放和隐含碳排放的来源，电力和油品类能源的消耗占据主导地位，近年来煤炭的使用量有所下降，但是高碳排放的油品类能源使用量大幅度提升，其他能源波动幅度较小，同时即使电力不直接排放二氧化碳，但是火力发电燃烧的大量能源也排放了二氧化碳。目前来说传统能源的消耗在冷链物流碳排放中占据大头。

2. 运输方式

研究表明，在相同运输数量的前提下，铁路、公路和航空的能耗比为1∶9.3∶18.6，铁路运输在节约能源、减少污染、经济高效上更具有优势，三种运输方式比例的调整对碳排放的变化有着显著的作用。

3. 运输距离

农产品冷链物流运输距离的长短是一个不定量，但是也是直接决定运输过程中碳排放量多少的关键性因素。配送中心的选址在考虑低碳配送后这一影响因素就显得尤为重要。

4. 经济增长

从已有文献研究表明，经济水平的增长与物流业碳排放之间存在密不可分的关系。因为随着经济水平的提高，人们开始追求高质量的生活水平，其最主要的依赖便是便利的交通设施，而现代物流最显著的特点就是高效率的交通系统，其使得农产品冷链物流的总运量上升进而促进碳排放量的增长。

5. 冷链物流的发展水平

首先，农产品冷链物流在物流行业的比重正保持快速增长的状态，作为碳排放大户的冷链物流也是促进碳排放增长的因素；其次，研究表明物流业的科技水平在不断提高（新能源的开发等），冷链物流运输过程消耗的能源也随之有所下降，因此物流业科技水平的提高对碳排放量有抑制作用。

由于农产品冷链物流在我国仍处于起步状态，政策等还未完善，并且在新能源的开发上目前还未出现可替代并能大范围使用的清洁能源，在探究其碳排放影响因素过程中大环境的政策因素和新能源的开发不予考虑。

3.1.3 农产品冷链物流碳排放的路径分析模型

1. 建立初始路径模型

根据上述对各影响因素关系的分析，建立初始路径模型，如图 3.1 所示。图中带箭头的单向直线连接的是具有因果关系的两个变量，箭头的起点为原因变量，终点为结果变量。在理论下构造的初始路径模型中冷链物流发展水平、运输方式、运输距离和能源结构四个变量为外生变量，不受模型中其他变量的影响；经济增长水平和能源消费总量既为因又为果，而且碳排放为最终结果变量，所以这三者为内生变量，被模型中其他变量所影响。

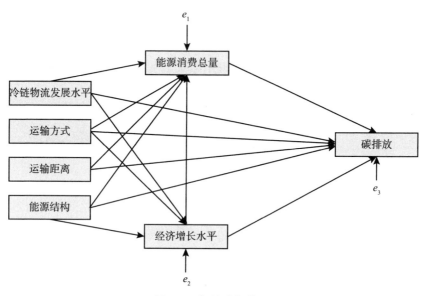

图 3.1　初始路径模型

根据图 3.1 分析可知，整个初始路径模型全部为单向链条关系，不存在循环嵌套路径，从而可以确定该农产品冷链物流碳排放影响因素路径图可以被分成三个标准的多元回归方程所构成的方程组（即递归模型）。

确定为递归路径模型后，对其理论初始路径图进行分析前，一般需要进行以下假设：①各变量之间的关系为线性、可加的因果关系；②每一内生变量的误差项与其前置变量不相关，并且内生变量之间的误差项相互独立，不存在相关关系；③模型中只存在单项的因果关系，且不具有直接或间接的反馈性；④所有内生变量的残差是独立的；⑤各变量的测量数据不存在误差。本书基于2006—2015 年的统计数据，利用 SPSS 统计软件对图 3.1 所示的初始路径模型进行回归分析。

2. 建立初始路径模型

在对初始路径模型的路径系数进行测算前，需要对各变量的数据选取指标进行选择和计算。根据碳排放的影响因素分析，能源消费总量、能源结构、运输方式、运输距离、经济增长和冷链物流发展水平对冷链物流碳排放产生主要影响。因此本书选取能源消费总量、能源结构、运输方式、运输距离、经济增长水平、冷链物流发展水平、碳排放等因素构建模型。以下是各变量的数据来源。

（1）经济增长水平用国内生产总值（GDP）来表示。

（2）以各类运输方式的货物周转量和农产品冷链物流的总货物周转量的比反映运输方式的结构，由于冷链的航空运输量对比公路、铁路和水运相对来说较小并且没有参考数据，为了方便计算不予考虑，公路、铁路及水运三者货物周转量的结构表示为

$$公路货物周转量比 = \frac{公路货物周转量}{总货物周转量} \tag{3-2}$$

$$铁路货物周转量比 = \frac{铁路货物周转量}{总货物周转量} \tag{3-3}$$

$$水运货物周转量比 = \frac{水运货物周转量}{总货物周转量} \tag{3-4}$$

表 3.1 是 2006—2015 年农产品冷链物流运输方式（结构）的统计数据汇总。

表 3.1　2006—2015 年农产品冷链物流运输方式（结构）统计数据

年份	公路占比/（%）	铁路占比/（%）	水路占比/（%）
2006	10.98	24.71	62.46
2007	11.20	23.46	63.39
2008	29.80	22.76	45.57
2009	30.45	20.67	47.13

年份	公路占比/（%）	铁路占比/（%）	水路占比/（%）
2010	30.59	19.49	48.24
2011	32.25	18.49	47.34
2012	34.25	16.79	47.01
2013	33.17	17.36	47.28
2014	31.29	15.15	51.07
2015	32.49	13.32	51.45

根据图 3.2 所示的农产品冷链物流三种运输方式的比重来看，水路运输占比最多，2008 年铁路运输量逐渐被公路运输量超越，但比重仍然低于水路运输，因此以水路占总运输的比重为运输方式结构。

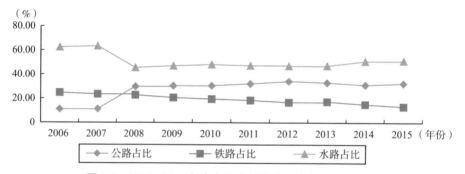

图 3.2　2006—2015 年农产品冷链物流运输方式占比折线

（3）以农产品冷链物流的货物周转量来表示运输距离（由于运输距离目前没有直接的统计数据）。由于中国统计年鉴中并没有农产品冷链物流货物周转量单独的相关统计数据，根据农产品冷链物流总额在物流总额中的占比基本为 2%，计算公式为

$$农产品冷链物流货物周转量 = 物流总货物周转量 \times 2\% \qquad (3-5)$$

表 3.2 是根据表 3.1 及式（3-5）计算的 2006—2015 年农产品冷链物流周转量数据。

表 3.2   2006—2015 年农产品冷链物流周转量数据结果   单位：亿吨公里

年份	货物周转量	铁路周转量	公路周转量	水运周转量
2006	1776.80	439.09	195.09	1109.72
2007	2028.38	475.94	227.09	1285.70
2008	2206.00	502.13	657.36	1005.25
2009	2442.67	504.78	743.78	1151.13
2010	2836.75	552.88	867.79	1368.55
2011	3186.47	589.32	1027.49	1508.48
2012	3476.09	583.74	1190.70	1634.15
2013	3360.28	583.48	1114.76	1588.71
2014	3633.35	550.60	1136.94	1855.49
2015	3567.12	475.09	1159.11	1835.45

（4）以冷链物流总额表示冷链物流的发展水平。

（5）以各能源消耗量与总能耗的比值表示能源结构。从整理出来的冷链物流能耗结果来看（表 3.3），柴油能耗的占比远大于电能的能耗，所以以柴油的能耗占总能耗的比重来反映能源结构。

表 3.3   2006—2015 年农产品冷链物流能耗结构统计

年份	柴油能耗/万吨标准煤	电能耗/万吨标准煤	总能耗/万吨标准煤	柴油能占比/（%）	电能占比/（%）
2006	1109.46	18.68	1128.14	98.34	1.66
2007	1285.14	19.13	1304.27	98.53	1.47
2008	1319.45	19.57	1339.01	98.54	1.46
2009	1503.06	20.06	1523.12	98.68	1.32
2010	1774.92	20.65	1795.56	98.85	1.15
2011	2001.79	21.42	2023.21	98.94	1.06
2012	2217.25	24.91	2242.16	98.89	1.11
2013	2128.31	29.64	2157.95	98.63	1.37
2014	2375.00	40.81	2415.80	98.31	1.69
2015	2369.65	45.60	2415.25	98.11	1.89

（6）农产品冷链物流中仓储的主要能耗为电力，并且根据对航空货物周转量的统计数据来看，航空的农产品冷链物流货物周转量仅占冷链总周转量的0.1%，并且目前航空冷链运输的货物主要为医药类产品，相较之下其农产品的运输数据不予考虑，因此在对农产品冷链能耗计算过程中，仅对公路、铁路、水路及仓储的能耗进行统计计算。

$$公路油耗量 = \frac{公路周转量}{冷藏车平均容量} \times 每百公里的油耗 \qquad (3-6)$$

$$铁路油耗量 = \frac{铁路周转量}{冷藏车平均容量} \times 每百公里的油耗 \qquad (3-7)$$

$$水路油耗量 = \frac{水路周转量}{冷藏车平均容量} \times 每百公里的油耗 \qquad (3-8)$$

$$冷库每年的耗电量 = 冷库每年每立方米的电能消耗 \times 冷库容量 \quad (3-9)$$

其中公路冷藏货车平均容量为10t，油耗是制冷油耗和行驶油耗之和为0.5357L/km[159][160]。水路冷藏船的行驶能耗是运送1t货物油耗0.0253L/km，制冷能耗运送1t货物油耗0.047L/km，其总能耗为两者之和0.0723L/km[5][161]。铁路冷藏车油耗为运输1t货耗油0.0024L/km[162]。冷库每年每立方米的能耗是40kWh[163]，2007—2010年冷库保有量的统计没有具体明确的统计数据，从政策方面来看国家对冷链物流发展规划加强重视是在《农产品冷链物流发展规划》之后，在此之前冷库的保有量没有很显著的变化，为了保持本书数据的完整性，以稳定速度的冷库增长率来计算代替未知数据。

假设公路、铁路和水运运输所使用的燃料均为柴油，预冷及仓储能耗为电能，为了方便比较统计均转化为标准煤，根据以上数据计算2006—2015年冷链运输及仓储的能源消耗量，结果见表3.4。

表3.4　　　　2006—2015年农产品冷链物流运输及仓储能源消耗统计

单位：万吨标准煤

年份	公路能耗	铁路能耗	水路能耗	预冷及仓储能耗	总能耗
2006	126.39	12.74	970.32	18.68	1128.14
2007	147.13	13.81	1124.20	19.13	1304.27
2008	425.89	14.57	878.99	19.57	1339.01
2009	481.87	14.65	1006.54	20.06	1523.12
2010	562.22	16.05	1196.65	20.65	1795.56

年份	公路能耗	铁路能耗	水路能耗	预冷及仓储能耗	总能耗
2011	665.68	17.11	1319.00	21.42	2023.21
2012	771.42	16.94	1428.89	24.91	2242.16
2013	722.22	16.94	1389.16	29.64	2157.95
2014	736.59	15.98	1622.43	40.81	2415.80
2015	750.96	13.79	1604.90	45.60	2415.25

（7）碳排放量。根据农产品冷链物流运输和仓储的能耗（主要指柴油和电力）换算成标准煤，再根据标准煤的碳排放系数 0.68（日本能源经济研究所的参考值）来核算其碳排放量，核算模型为

$$碳排放量 = 消耗的标准煤量 \times 标准煤的碳排放系数 \qquad (3-10)$$

表 3.5 是根据碳排放量模型计算的 2006—2015 年农产品冷链物流的碳排放量。

表 3.5　　　　　　　　2006—2015 年农产品冷链物流碳排放量统计　　　单位：万吨

年份	消耗标准煤量	碳排放量
2006	1128.14	767.14
2007	1304.27	886.90
2008	1339.01	910.53
2009	1523.12	1035.72
2010	1795.56	1220.98
2011	2023.21	1375.78
2012	2242.16	1524.67
2013	2157.95	1467.41
2014	2415.80	1642.75
2015	2415.25	1642.37

3.1.4　农产品冷链物流碳排放影响因素实证分析

1. 数据分析

（1）数据正态性检验。本书数据使用 SPSS 21.0 统计软件进行分析和处

理，首先对各变量的已有数据进行正态性检验，检验结果如图 3.3 所示。

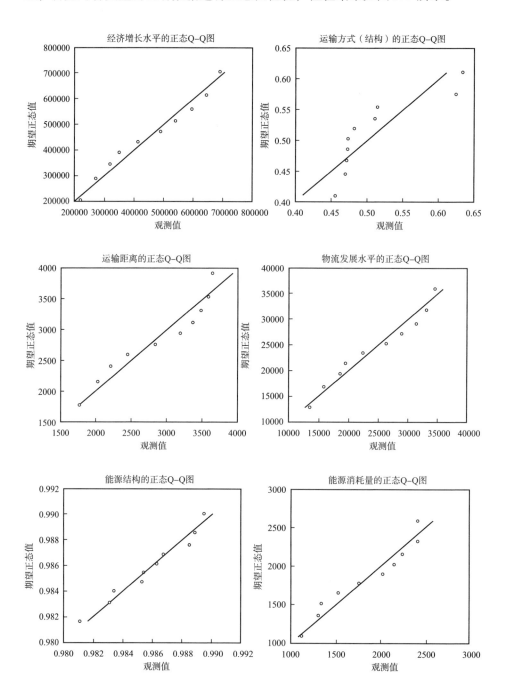

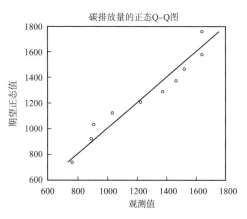

图 3.3　各变量的 Q－Q 图正态检验

通过正态检验各解释变量和被解释变量的数据发现，能源结构的数据多数都在直线上具有较好的正态性；经济增长水平、运输距离、物流发展水平、能源消耗量和碳排放量的正态 Q－Q 图的点虽然都在直线附近，但是与直线的重合率不高，说明其数据的正态性不是很强；而运输方式的数据点与直线偏离程度较大，其正态性较差。

（2）建立路径分析回归方程。因为本书是通过已经建立的路径模型来分析变量间的强弱关系，所以在进行变量的统计分析时采用强迫进入法（Enter）。假设冷链物流发展水平为 x_1，运输方式为 x_2，运输距离为 x_3，能源结构为 x_4，能源消费总量为 x_5，经济增长水平为 x_6，碳排放量为 y，变量 x_j 对变量 x_i 的路径系数为 b_{ij}，其中 e_1、e_2、e_3 为残差变量。建立以下路径分析回归模型

$$x_5 = b_{51}x_1 + b_{52}x_2 + b_{53}x_3 + b_{54}x_4 + b_{55}x_5 + b_{5e}x_{e1} \qquad (3-11)$$

$$x_6 = b_{61}x_1 + b_{62}x_2 + b_{64}x_4 + b_{6e}x_{e2} \qquad (3-12)$$

$$y = b_{11}x_1 + b_{12}x_2 + b_{13}x_3 + b_{14}x_4 + b_{15}x_5 + b_{16}x_6 + b_{1e}x_{e3} \qquad (3-13)$$

（3）回归方程及路径系数分析。根据以上三个回归方程进行分层回归分析：通过对路径图的分析可知，能源消费总量是碳排放的原因变量，也是物流发展水平、运输方式、运输距离和能源结构的结果变量，在对其进行多元线性回归时，回归系数的显著性（P 值）检验显示物流发展水平和能源结构与能源消费总量的线性关系不显著，在对该模型进行修正后，剔除物流发展水平和能源结构变量，仅对运输方式和运输结构进行第二次线性回归，结果见表 3.6。调整的判定系数 R^2（0.996）接近于1，说明该回归方程拟合优度较高，方差膨

胀因子 VIF 接近于 1，说明无多重共线性，并且通过了回归系数的显著性检验，因此运输方式与运输距离与能源消耗总量确实存在线性关系，并且其路径系数分别为 0.101、1.051。

表 3.6　　　　　　　　　能源消费总量的回归分析相关参数

变量	变量系数	标准系数	Sig	VIF	Adjusted R^2
b_{52}	748.835	0.101	0.006	1.453	0.996
b_{53}	0.735	1.051	0.000	1.453	

在理论分析的基础上，经济增长水平是物流发展水平、运输结构和能源结构的结果变量，是碳排放的原因变量，实证分析时对其进行多元线性回归，回归系数的显著性（P 值）检验显示运输结构、能源结构对经济增长的线性关系不显著，对解释变量进行模型修正后，剔除不显著的变量重新进行回归分析（表 3.7），调整的判定系数 R^2（0.997）说明回归拟合好，方差膨胀因子 VIF 约为 1，说明多重共线性影响较弱，并且物流发展水平的回归系数显著性检验 P 值小于显著性水平，接受原假设即该解释变量对经济增长水平有明显线性关系，并且其路径系数为 0.999。

表 3.7　　　　　　　　　经济增长水平的回归分析相关参数

变量	变量系数	标准系数	Sig	VIF	Adjusted R^2
b_{61}	21.773	0.999	0.000	1.000	0.997

从路径分析的初始模型分析，物流发展水平、运输距离、运输结构、能源结构、能源消耗总量和经济发展水平都是碳排放的原因变量，对其进行第一次多元线性回归时，运输距离的方差膨胀因子远大于其他解释变量，说明其与其他变量存在严重的多重共线性，剔除运输距离后进行第二次回归分析，经济增长水平和物流发展水平与其他变量同样存在严重的多重共线性，剔除这两个解释变量后进行第三次回归分析，结果见表 3.8，调整后的判定系数 R^2（0.999）表明了该回归方程拟合优度较高，碳排放量可以被模型解释的部分较多，不能被解释的部分较少。同时方差膨胀因子显示模型中各自变量间几乎不存在多重共线性，从变量回归系数的显著性检验结果来看，只有能源消耗总量的 P 值通过了

检验，所以能源消耗总量对碳排放存在显著线性关系，并且路径系数为1.000。

表 3.8   碳排放的回归分析相关系数

变量	变量系数	标准系数	Sig	VIF	Adjusted R^2
b_{15}	0.679	1.000	0.000	1.000	0.999

2. 路径模型的修正

通过对初始路径模型的回归分析，验证了碳排放与物流发展水平、运输方式、运输距离、能源结构、能源消耗总量和经济增长水平各影响因素的因果关系假设，并测算了各线性关系变量间的路径系数（即影响系数），形成图 3.4 所示的最终路径分析图。

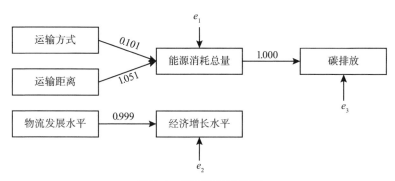

图 3.4 修正后的路径图

由图 3.4 可知，能源消耗由运输方式和运输距离直接影响；经济增长水平由农产品冷链物流发展水平直接影响；碳排放由能源消耗总量直接影响，由运输方式和运输距离间接影响；各影响因素的路径系数分解报表见表 3.9。

表 3.9   路径系数分解报表

原因变量	结果变量	总影响	直接影响	间接影响
运输距离	能源消耗总量	1.051	1.051	0.000
	碳排放	1.051	0.000	1.051

续表

原因变量	结果变量	总影响	直接影响	间接影响
运输方式	能源消耗总量	0.101	0.101	0.000
	碳排放	0.101	0.000	0.101
物流发展水平	经济增长水平	0.999	0.999	0.000
能源消耗总量	碳排放	1.000	1.000	0.000

3. 农产品冷链物流碳排放影响机理

由路径系数分解报表可以明显地看出各自变量对因变量碳排放的总影响程度大小，即运输距离 > 能源消耗总量 > 运输方式。但是如果考虑影响因素的直接性和间接性，运输距离和运输方式对农产品冷链物流的碳排放直接影响较小，因为这两个因素主要通过能源消耗总量对碳排放产生间接影响，而对冷链物流碳排放产生直接影响的是能源消耗总量，因此影响冷链碳排放增长的成因是对碳排放具有直接影响作用的能源消耗总量而不是运输距离和运输方式。并且由图 3.4 可知，经济增长水平与碳排放不存在明显线性关系，它仅由农产品冷链物流发展水平直接影响。

根据以上分析，农产品冷链物流碳排放的影响机理主要如图 3.5 ~ 图 3.7 所示。

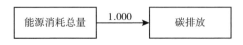

图 3.5　能源消耗总量对碳排放的影响机理

图 3.6　运输方式对碳排放的影响机理

图 3.7　运输距离对碳排放的影响机理

3.2　农产品冷链物流碳减排的作用机理

3.2.1　农产品冷链物流碳排放量影响因素分析

本章用2006—2015年的农产品冷链物流的相关数据通过路径分析测算了各影响因素与农产品冷链物流碳排放的影响系数，并据此确定了直接影响程度、间接影响程度和总影响程度，以下是与农产品冷链物流碳排放量影响因素相关的一些分析。

（1）由路径分析的结果可知，农产品冷链物流碳排放主要受能源消耗总量的直接影响，而能源消费总量主要由运输距离和运输方式直接影响，其中运输距离是拉动能源消费总量的主要原因，同时也是间接影响农产品冷链物流碳排放主要因素之一。因为运输距离是由冷链物流的货物周转量所决定的，所以冷链物流的货物周转量的大小直接影响了能源消耗总量。在冷链物流运输总额保持不变或者是持续增长的情况下，减少冷链物流的平均运距对能源消耗总量有抑制作用。

（2）运输方式对能源消耗总量的直接影响较小，但是对农产品冷链物流的碳排放仍然存在一定的间接影响。在路径图中运输方式的路径系数为0.101，表示对能源消耗总量有较弱的促进作用。运输方式的指标用冷链水运货物周转量在农产品冷链物流运输总货物周转量的占比表示，水运在农产品冷链运输中占比最高，且需要消耗大量能源，降低水运的比重在一定程度上对降低能源消耗总量有积极作用。

（3）能源消耗总量是促进碳排放增长的直接因素，其中能源消耗总量的指标是农产品冷链物流中运输和仓储所耗能量的总和，降低这两者的能耗对降低能耗总量有积极作用，在农产品冷链物流货物周转量和仓储容积不变或增长的情况下，降低运输工具的油耗和仓储电耗对直接降低总能耗有促进作用。间接降低能源消耗总量对冷链物流的碳排放也存在促进作用，所以通过运输距离和运输方式降低能源消耗总量也有实际意义。

3.2.2　农产品冷链物流的作用机理及碳减排建议

根据 3.2.1 节的农产品冷链物流的碳排放影响因素的分析，从这些碳排放的主要影响因素出发总结出农产品冷链物流的碳减排机理，其作用机理如图 3.8 所示。

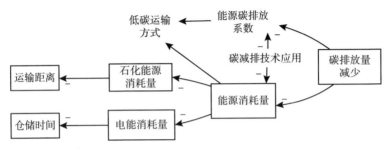

图 3.8　农产品冷链物流的碳减排机理

要实现农产品冷链物流的碳减排，必须要减少其能源消耗量，降低其能源的碳排放系数（通过选择低碳型绿色能源来实现），这其中碳减排技术的研发和应用具有积极的作用。要减少能源消耗量，就需要减少冷链物流过程中的化石能源和电能的消耗量，尤其是石化能源，它是当前冷链运输过程中主要的碳排放源，需要尽量降低其消耗量，这其中可以选择一些低碳运输方式（如铁路运输）。要减少石化能源消耗量，减少运输距离是一种方式，但前提是可以舍远求近。而要减少电能消耗量（冷库是电能消耗的主要对象），需要减少货物在冷库的仓储时间，提高冷库的货物周转率。

总之，需要根据各影响因素的强弱采取一些有效措施来减少冷链物流企业的碳排放，实现低碳化。基于此，提出以下关于减少冷链物流企业碳排放的建议。

（1）对农产品冷链物流配送中心的设立地址进行合理地选择，并且在此基础上对配送路径进一步优化。因为缩短平均运距能减少能源消耗总量，农产品从生产到销售过程中运输距离就是从农产品的生产地到销售地的全路程，合理选择配送中心的地址和优化配送的路径，都会有效地减少平均运距。

（2）改善农产品冷链物流的运输结构。从实证分析得出的结论看，水运为主的农产品冷链运输结构对能源消耗总量增长存在一定程度的促进作用，改善冷链的运输结构是降低能耗的解决途径之一，如降低水运的比例，发展多式联运，继续增加较为节能的铁路运输的比例，发挥其最大的减排潜力。

（3）改善在投入运输工具的管理，并升级传统冷库，加大节能冷库投入运营的数量。运输工具配送农产品和冷库制冷储存农产品是碳排放最直接的来源，所以降低运输工具的油耗和冷库制冷的电耗是降低碳排放量最直接的途径。首先增加节能型运输工具的使用可以降低碳排放量，同时也要优化物流结构，如将运输工具标准化、规范化，可以减少高碳排放的运输工具，同时也将冷链物流运输标准化、规范化，减少资源浪费。冷库属于能耗大户，降低冷库的耗电量对于减少能源消耗有重要意义，因此节能型冷库的大规模投入使用和传统冷库的转型对能耗降低有积极作用。

（4）从可持续发展的观念出发，充分利用自然资源，在源头上减少不可再生能源的使用。我国国土广袤，南北存在较大的温差，北方的冬季温度极低，非常适合做一个天然的冷库。如北方冬季的低温能将水结成冰，利用这些冰可以保持农产品在运输过程中的新鲜。利用环境的天然低温，避免了使用高碳排放的能源，这在源头上减少碳排放有着积极意义。但是这存在地域和时间的局限性，这样的措施只有在有严寒的北方适用，湿润温暖的南方并不适用。

（5）一些物流业相关的碳减排措施同样也适用于农产品冷链物流。政府出台一系列对低碳物流企业的优惠政策，如向高碳仓储运输企业征收碳税等，促使物流企业主动考虑碳排放的状况，进而考虑碳减排的措施。只有整个物流行业都具有碳减排的意识，每个企业才会把低碳经营划入到企业的经营目的中，进而改善整个行业的碳排放量。

（6）整合农产品冷链物流，减少资源闲置和资源浪费。国内农产品冷链物流企业分散、管理运营较为杂乱重复，导致资源消耗过多。针对以上第三方农产品冷链物流企业应该被资源整合，并以信息管理技术为辅，最大效度地储存、运输农产品，解决重复运输、冷库闲置等问题的同时也是在减少能源消耗量。

3.3　本章小结

限于数据的可获性和样本数量的限制，本章研究尚存在一些不足之处。

（1）本章研究在模型计算时的假设前提是测量数据不存在误差，但是由于农产品冷链物流碳排放的研究文献不多，部分数据只能进行大致估算，不排除存在较大的误差的可能性，这对于分析结果存在一定的影响。

（2）本章采用的分析方法是验证性分析。影响农产品冷链物流碳排放的影响因素存在很多可能，前文对影响因素的选择具有一定的主观性，并且对影响因素的衡量标准不同对最后的结果也具有一定影响，最终的结论不一定完全正确。

（3）根据能源消耗总量和碳排放量的残差分析（表3.10），两者的残差序列都存在自相关，说明方程中的解释变量不能完全说明被解释变量的变化，即还存在其他没有被分析的重要因素，或者是选择分析的回归模型不合适，这些问题都有待进一步研究分析来解决。

表 3.10　　　　　　　　　　　　残差分析

变量名称	DW 检验值	自相关性
能源消耗总量	1.214	正自相关
碳排放量	2.227	负自相关

第4章
农产品冷链物流碳减排的路径研究

物流是能源耗损较大的行业，而冷链物流又恰恰是物流行业中高能耗、高碳排放的一种，这与现今社会所提倡的低碳经济是相矛盾的，既要看到冷链物流的快速发展所带来的经济效益，也要考虑其对环境的负面影响。那么，如何实现农产品冷链物流的碳减排呢？在第3章碳减排机理的分析中，可以知道碳减排技术的应用是实现冷链物流碳减排的关键路径。为此，本章主要从精益物流管理、大数据和物联网技术应用方面来探索农产品冷链物流碳减排的有效方式。

4.1 精益物流在农产品冷链物流碳减排中的应用

精益思想主要指的是在人力、设施、时刻和场地等方面以愈来愈少的付出取得尽可能多的效益，同时也越来越了解客户，能够供应他们真实所需的东西。研究基于精益思想的物流作业对农产品冷链碳排放的影响，能够寻求更低的低碳冷链物流作业方式，从而能够使农产品冷链物流发展与社会发展协调一致，提升农产品的市场价值和竞争力，让我国农产品物流得到"质"的飞越。

已经有学者分别从物流供应链和冷链物流的角度对精益思想进行研究，使其与这些领域相融合。杨波（2002）剖析了现代物流管理应当具备的特点，阐述了精益物流的起源和内涵，通过剖析精益物流的成本，提出了可采用的策略和方法并运用戴尔计算机公司的实例来进行论证[164]。张磊（2011）概述了国内外多种农产品供应链模式，并将精益思想、供应商管理库存等理念与农产品冷链结合，从而设计新的农产品冷链[165]。丁丽芳、李波（2013）认为精益思想应用于物流领域所形成的精益物流有利于农产品物流企业的成本降低，能够改进物流行业的服务水平，减少农产品的耗损，但在我国农产品物流的精益管理实施中存在各种问题，需要企业勇于创新不断学习实践，发挥精益物流的优势[166]。战书彬等（2007）基于精益思想对中国农产品物流中的不足之处进行分析，从农产品物流的业务流程、组织之间的互助、创造价值、消除浪费四个角度讲述了如何改善农产品物流[167]。许菱、冯训阳（2013）通过对江西省农产品的冷链物流的发展近况及具有的问题进行剖析，在基于精益思想的条件下优化江西省农产品冷链物流，最终提出政府和物流企业应该采取的改进策略[168]。任双（2015）针对我国有机农产品的冷链物流中存在的运输环节过多等问题，应用精益管理模式对原有有机农产品的冷链物流从生产、质量、库存和配送的管理四个角度来进行改进[169]。顾英男（2010）采用精益思想中的价值流图和具体实例来解释说明农产品冷链物流，从而构建了精益农产品冷链[170]。

4.1.1　基本理论概述

1. 精益物流概述

精益物流是指将精益思想应用于企业物流活动的管理，它的核心是精益思想的应用。

精益思想的第一个关键步骤是精确定义价值；第二个关键步骤是制定所有的价值流；第三个关键步骤是使保存下来的能创造价值的每个步骤流动起来，缩短订货所需的时间和传统物流生产完成时间；第四个关键步骤是及时满足时刻变化的顾客需求，在知道客户真正的需求之后就能够在客户需要的时候进行设计、生产和制造，这就是所谓的客户需求拉动产品。精益思想包含很多内容，如精益生产思想、精益管理思想及精益供应思想等。起初，精益思想是在产品质量的掌控方面体现，着重于合理协调产品的成本和技术，而不是一味寻求产品在成本和技术上的优势。后来，精益思想逐渐被引用于企业的经营运作，追求最大化的价值。精益思想不只是寻求最低成本、最优质量，还要使企业和客户都得到满足。

在精益思想出现后，物流专家经过学习与吸收，将其融入供应链管理当中，从而产生了精益物流这个新观点。精益物流是将精益思想应用于企业物流活动的管理，它不从企业或者职能部门的立场而是从客户的立场研究可以产生价值的事物；按照完整的价值流来制定供应、生产及配送产品全部必需的活动和步骤；及时创造仅仅由顾客拉动的价值；不断地消除浪费。

在企业物流活动中有许多浪费现象，如令人不满的客户服务、无需求或需求不足所形成的积存与过剩的库存、实质上不需要的流程等，精益物流中最重要的内容便是尽力消弭这些存在的浪费现象。精益物流要求企业不仅要供应最好的客户服务水平，还要努力使浪费下降到最低程度。只有准确了解价值流并保证其流动顺畅，才能算是真正的精益物流。精益物流是管理的动态化，物流活动的改善及完备是一个不停循环的过程，每进行一轮改善，减少一部分浪费，导致了新价值流的流动，但同时也产生了新的浪费，又要进一步改善，此类改善能不断降低物流的总成本、紧缩提前期，从而不断降低浪费程度，如图4.1所示。

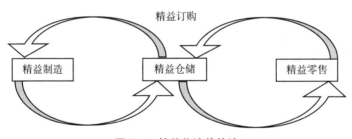

精益订购

图4.1　精益物流价值流

物流公司中关于电子商务等此类的客户，它自身被用户需求拉动影响能快速精益化，因此精益物流的提出与现代经济社会的发展密切相关。根据精益化原理，这样的拉动作用能够深切融入物流领域是发展的必然结果。想要成功实施精益物流，必须满足以下前提。

（1）拉动严格：精益物流需要按照拉动的概念来进行管理，在安排生产流程时保证生产制造过程稳固、规范、同步。这样，既满足顾客需求又能降低成本。

（2）开发利用人力资源：经过培训使员工掌握多种技能，同时要求员工对所解决的问题负责，保证产品质量；训练养成企业中所有人员的团队精神，共同协作。

（3）生产小批量化：小批量生产能减少库存、维持成本、节约空间，便于查找与重新加工有质量问题的产品，可随着市场需求的变化进行相应调整。

（4）与供应商建立合作关系：订货变化具有弹性的特点，所以，一定要选择优异的供应商成为合作伙伴，建立长久可靠的关系，彼此共享信息，配合协作，一起承担风险，从而实现"双赢"。

（5）使物流运输方式高效、低成本化：精益物流需要小批量、频繁的运输，因此要寻求集装机会，采用进货集装运输，还要利用易于快速装卸的设备。

（6）取得高层支持：精益物流要求改革甚至重建整个企业的体系，风险也较大，同时需要大量时间和投资，因此需要高层领导者的支持。

2. 精益生产概述

精益生产（Just In Time，JIT），即准时制生产方式，即是在必要的时间生产出必要数目的必要产品。其基本思想为库存即浪费，要想消除浪费就必须消除库存。JIT，换言之，就是当需要系统中的活动发生时才能发生。理论上，在必要的时间提供所需的产品数目表示它不产生闲置产品，因此 JIT 也可被称作零库存管理方式。但是实际上，零库存是不可能的。JIT 是由于市场需求牵引而形成的"拉动式生产系统"，可以被定义为一种可操作的方式，旨在消除浪费和促进生产力不断改善。它采取的配送方式是小批量、多频次。通过持续不断地消除浪费来减少产品成本从而使企业获得竞争优势；通过减少库存来降低成本及缩短生产周期从而更加迅速地响应顾客需求变化；通过以"人为中心"的管理来取得更大的优势。

JIT 的主要特征为：①由于市场拉动式形成的订单模式；②企业之间的战略伙伴关系；③生产协作同步；④产品质量无缺陷；⑤配送准时化；⑥共赢的价值分配方式。

JIT 诞生于精益生产理论，而农产品的生物特征正好符合这一生产模式。农产品的保质期较短而且保鲜要求高，零售商更想要采用频繁少量的进货方式来降低库存保管的费用。要想减少农产品的损耗，就需要在生产和消费的沟通方面下工夫。实施 JIT，能够解决农产品要求的快速的反应，从而大大降低农产品的损耗，通过提高农产品反应速度来满足消费者和企业之间的要求。

如何将 JIT 在农产品冷链中实现？第一，供应商、物流服务商、销售商实时共享建立于需求基础上的订单信息；第二，确定流程的总时间链来建立时间节点定制管理；第三，综合各种条件系统规划设计作业流程，让流程无缝对接；第四，信息化自动化的设施；第五，根据运输环境等因素选择合适的运输策略。

3. 经济订货量概述

库存管理方法应用于材料采购、生产供应、企业中的服务和其他相应的供应链阶段。

传统的经济订货量（Economic Order Quantity，EOQ）方法因为其简单合理，而被用于库存管理，来检查库存成本过多还是过少。传统 EOQ 问题考虑的情况是在整个无限时间段上订购、库存等费用不变，因为成熟产品相对稳定的需求通常用常数来近似。传统 EOQ 模型解决了成熟产品在销售系统的特定条件下的库存问题。但是，传统 EOQ 模型的限制过强，因此学者对于库存模型又进行了扩展性的研究，不断改进和完善，使其能够更好地被应用于实践。扩展是在某一种特定的情况下进行的扩展，仍然有一定的局限性，必须针对不同的环境提供相应的模型。

关于易腐品的 EOQ，基于不同条件有不同的库存模型。随着时间的推移，基于精益思想的库存管理方法更能满足易腐品的要求，如应用于农产品的冷链物流。以前关于集成到物流和零售业务的精益应用研究已经描述了准时制生产方式。本章研究旨在探讨 JIT 的实证影响。

4. 准时制生产方式与传统库存管理方法比较

本章的假设是在传统 EOQ 和 JIT 两种模式的基础上提出的，因此先对这两种模式进行比较分析。基于 JIT 理论下的库存管理方法与传统的 EOQ 的不同之处见表4.1。

表 4.1　JIT 与 EOQ 不同之处

项目	EOQ	JIT
质量对成本	最少成本实现可接受的质量	高标准，零缺陷
库存	由于数量购买折扣、生产规模经济性、安全库存储备等造成的大量库存	由于采用连续库存补充的方法造成较低的库存水平
柔软性	缺乏	较好
运输	最少成本达到可接受的服务程度	无危险，可信
供应商交流	成本推动	用户服务推动

项目	EOQ	JIT
供应商关系	多个供应商，缺乏影响并且不够彼此信赖	数量少，关系长期开放
推动力	很少，企业信息得到保密	开放，企业信息不是秘密，经常交流共享

4.1.2 模型的假设与构建

1. 研究假设的提出

根据 JIT 的相关理论，能够提出假设：与经济批量库存管理相比，准时制库存管理在农产品冷链中的碳排放更低。

一个系统的环境足迹可以分为与系统有关的两部分：一是主要影响或者完全独立于经济活动量的固定部分，二是与经济活动量大致成正比的可变成分。在基于精益物流思想的农产品冷链中，运输所产生的碳排放量与总运输距离呈线性关系，用于存储等的物流设施则代表着环境足迹中的固定部分。

因此，可以推测：基于准时制生产方式的库存管理需要降低库存来降低仓库和零售空间的需求，同时增加了整体运输活动，因此它可能导致减少农产品冷链中的碳排放。

2. 建立模型

精益物流模式由两个部分组成，一部分为仓库、零售设施等固定基础设施部分，另一部分为以货物运输形式整合从仓库到零售设施的移动基础设施要素及相应的回程操作，如图 4.2 所示。

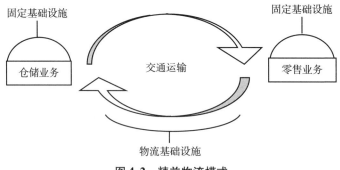

图 4.2　精益物流模式

精益物流模型包括仓储、运输、零售活动。图4.3展示了模型涉及的活动。根据客户对农产品的需求，零售点验证库存中的农产品是否无损坏。如果农产品无损坏，他们继续执行客户的订单，实现客户需求，更新相应的库存水平。否则，产品订单将发布到物流配送中心。物流配送中心确认需求后，从相应的中心冷库提取、收集并包装物品。确认运输可用性，把农产品放在货盘上准备好卡车装载。一旦配送中心装载好，就被派往当地零售商。当农产品到达时，零售商将验证这批农产品是否符合需要，符合则将补给货物并更新库存水平。然后，货车返回到配送中心。

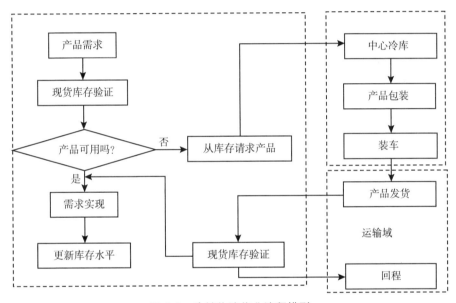

图4.3 冷链物流作业流程模型

3. 计算涉及的相关公式

农产品冷链所产生的二氧化碳，是由冷链物流活动中损耗各种能源导致直接或者间接排放 CO_2。根据上述模型，数据计算将分为两个部分：一是运输形成的移动基础设施碳排放量，二是仓储形成的固定基础设施的碳排放量。本书所进行的农产品冷链中 CO_2 排放量是根据冷链物流作业中实际消耗的能源折算得来的。测算方法是对省域物流作业 CO_2 排放量测量模型[171]进行简单地修改，通过查找文献获得各个能源的二氧化碳排放系数（表4.2），再根据消耗的各种能源计算二氧化碳的排放。农产品冷链物流的碳排放公式为

$$Q_c = Q_{pc} + Q_{gc} + Q_{ec} \qquad (4-1)$$

式中：Q_{pc}是由于燃油的使用所产生的碳排放量；Q_{gc}是燃气带来的碳排放量，Q_{ec}是损耗电能折算得来的碳排放量。

（1）冷链物流中石油燃料大部分使用的为汽油、柴油等，其碳排放量在物流运输和配送环节产生，所以，Q_{pc}的计算公式为

$$Q_{pc} = \sum (不同燃油的消耗量 \times CO_2 排放系数) \qquad (4-2)$$

（2）燃气的碳排放是由于天然气冷藏车的使用而产生的，其碳排放计算公式为

$$Q_{gc} = 天然气消耗量 \times CO_2 排放系数 \qquad (4-3)$$

（3）冷链物流离不开电，因此，电能带来的间接碳排放计算公式为

$$Q_{ec} = 电能消耗量 \times CO_2 排放系数 \qquad (4-4)$$

表 4.2   不同能源的 CO_2 排放系数[171]

能源类型	CO_2 排放系数
原油	3.0651
汽油	2.9848
煤油	3.0795
柴油	3.1605
燃料油	3.2366
其他石油制品	3.0651
天然气	2.1840
电能	0.9439

移动基础设施碳排放量即燃油燃气的 CO_2 排放量，固定基础设施的碳排放量即仓储耗电产生的碳排放量。仓储耗电量计算方法为

$$仓储耗电量 = 冷库耗电量 \times 冷库容量 \qquad (4-5)$$

4. 相关参数的设置

计算过程涉及以下参数。

（1）运输中冷藏车的油耗情况：根据《2016 年我国冷链运行现状简要分析》统计而得，目前国内冷藏车可以大致分为三类：第一类是 4.2 ~ 5.2 米长的冷藏车，体积较小，车辆载重为 2 ~ 4 吨，油耗每百公里为 14 升；第二类是

7.6～9.6 米长的冷藏车，车辆载重多为 8～15 吨，油耗每百公为里 25 升；第三类则为体积较大的冷藏车，车长为 11.5～15 米。本书中农产品冷链多采用小型冷藏车，即 4.2～5.2 米长的冷藏车。

（2）仓储中冷库每日耗电量：农产品冷链储藏最适宜的温度为 0℃ 左右，多采用 10～20 吨的小型冷库。冷库耗电量与多种因素有关，如冷藏对象、一天内开关冷库门次数和制冷效率等。不同吨位冷库的日耗电量详见表 4.3。

（3）仓储中冷库容量：不同吨位冷库容量详见表 4.3。

表 4.3　　　　　　　　　不同存储吨位冷库的容积和每日耗电量

存储吨位	容积/m³	每日耗电量/度
10 吨	41	13
12 吨	48	13.5
15 吨	59	13.5
20 吨	80	17

以下参数需要进行分成两类讨论，一类是作为基准的 EOQ，另一类是在 JIT 思想下的库存管理。古斯塔沃·M·乌加特（Gustavo M. Ugarte，2016）[172] 在其相关论文中根据对公司的需求计划和库存周转文档的审查、仓库级别的直接观察、零售水平蓝图的检查，以及实际过程的演练作出了以下数据的假设。

（1）仓库存储时间：基准情况（EOQ）相对于准时制库存管理需要更长的存储期，以符合其各自的产品采购政策。因此本书假设产品在仓储设施中储存 7 天，而准时制生产方式因为产品移动快速所以假设其在仓库设施储存 3 天。

（2）零售的存储空间：EOQ 的传统库存管理计划可以促进增加零售商店的产品存储空间，在某些情况下高达整个设施空间的 30%；相反，精益型库存管理方法侧重于缓冲库存和供应链合作伙伴相应空间的逐步减少。因此，我们假设零售的产品存储需要 25% 的总面积，而对于 JIT，零售的产品存储需要 15% 的总面积。

5. 数据计算与假设论证

下面通过具体数据计算，讨论在不同环境下对碳排放的具体影响。

（1）固定基础部分碳排放量。针对农产品使用的冷库存在不同类型，计算中取容积与每日耗电量的平均值，分别为 57m³ 和 14.25 度/m³，则每日仓储

耗电量为 $57 \times 14.25 = 812.25$ 度。

① EOQ 条件下的仓储碳排放量：传统 EOQ 下的仓储时间为 7 天，则 EOQ 的仓储耗电量为 $812.25 \times 7 = 5685.75$ 度。

因此，EOQ 下的仓储碳排放量 $Q_{gc} = 5685.75 \times 0.9439 = 5366.7794$。

② JIT 条件下的仓储碳排放量：JIT 的仓储时间为 3 天，则总耗电量为 $812.25 \times 3 = 2436.75$ 度。

JIT 的仓储碳排放量为 $2436.75 \times 0.9439 = 2300.0483$。

（2）移动基础部分碳排放量。在农产品需求总量不变的情况下，EOQ 和 JIT 零售存储空间假设为 25% 和 15%，从而相应的货物运输所需次数比例为 3：5；由于 JIT 的仓储时间短，只有 3 天因而需要及时补货，从而相比于 EOQ 多了两次运输。农产品冷链中多用小型冷藏车，因此，EOQ 总耗油量为 $3 \times 2 \times 14 = 84$ 升，JIT 总耗油量为 $5 \times 2 \times 14 = 140$ 升。天然气冷藏车每百公里耗液态天然气大约 13 升，则 EOQ 消耗天然气量为 $3 \times 2 \times 13 = 78$ 升，JIT 消耗天然气量为 $5 \times 2 \times 13 = 130$ 升。

国内现有冷藏车从车用动力类型的角度来分，可分为作为市场需求主力车型的柴油冷藏车、汽油冷藏车、天然气冷藏车及其他。根据其所占的市场份额，可以大致估计不同类型的冷藏车的比例情况，分别为：柴油冷藏车占 68%，汽油冷藏车占 31%，天然气冷藏车占 1%，因而，柴油和汽油的消耗比例可近似为 2：1。

① EOQ 条件下运输碳排放量。运输碳排放量为燃油与燃气产生的碳排放量总和。

$$Q_{pc} = 84 \times \frac{2}{3} \times 3.1605 + 84 \times \frac{1}{3} \times 2.9848 \approx 260.5624$$

$$Q_{gc} = 78 \times 2.1840 = 170.352$$

则 EOQ 的运输碳排放量为 $260.5624 + 170.352 = 430.9144$。

② JIT 条件下运输碳排放量。

$$Q_{pc} = 140 \times \frac{2}{3} \times 3.1605 + 140 \times \frac{1}{3} \times 2.9848 \approx 489.9869$$

$$Q_{gc} = 130 \times 2.1840 = 283.92$$

则 JIT 的运输碳排放量为 $489.9869 + 283.92 = 773.9069$。

综上所述，传统库存管理的碳排放量为 $5366.779425 + 430.9144 = 5797.6938$，准时制库存管理的碳排放量为 $2300.048325 + 773.9069 = 3073.9552$。

经过计算验证，JIT 尽管因为减少了存储空间而增加了运输次数，但农产品冷链物流中准时制库存管理的碳排放量仍少于传统库存管理的碳排放量，假设成立。

4.1.3　研究结论与建议

1. 研究结论

通过计算发现，精益物流对农产品冷链的碳排放有着积极的影响。因此，在我国将精益思想应用于农产品冷链物流中是极其有必要的。精益化的农产品冷链能够减少对环境产生的负面影响，减少资源浪费，同时也能降低成本，符合当今社会"低碳"的要求。发展农产品的精益冷链物流，需要相关各方共同努力，一起积极对冷链物流的发展进行支持。

2. 研究建议

（1）将精益思想放在首要位置。精益思想发展潜力巨大，但观念的转变是极其不易的，要想将精益思想加入到传统观念并非那么简单。政府要积极将精益思想应用于物流行业的规划和政策，不仅要促进农产品冷链物流的结构，还要推出精益物流相关的制度；从精益的角度去考虑、规划设计物流中心和规划物流设施。物流企业要将精益思想融入供应链中，公司最高决策层就必须把精益思想放在首位。一旦各级人员将精益思想融于其价值观念里，那么他们就会在战略规划、日常管理等方面进行整体的精益规划和局部的精益管理。基于精益思想的冷链物流的实施要自上而下，但是在现实操作中肯定会遇到种种的问题和障碍，此时决策者必须坚持不动摇地继续推行。如果决策层思想发生动摇，那么精益思想的推行必然会失败。在物流业务的进行中，管理人员需要精心规划来简化物流作业流程，让作业流程无缝连接；操作人员则需要熟记精益思想的理念，节约作业时所用的每一点资源，尽可能减少物流中的浪费现象。政府、物流协会和冷链物流公司协力互助，创建相关的关联机制。

（2）使冷链物流企业的组织结构更加精益。随着冷链物流的发展，冷链物流企业也愈来愈多，因此行业竞争也愈来愈大。除了国内同行带来的竞争压力，还有来自国际上更高水准的对手的竞争。我国传统物流企业的组织结构都是职能划分，各司其职，每个部门只为客户提供职责内的服务，但是职能划分面对客户多元化的需求难以满足，也很难对市场变化进行快速反应。对公司的组织结构进行精益化的重组，尽力使部门达到最为精简的状态。精益的组织结构具有扁平化的特点，各个部门能够流畅地传递信息，有利于团队合作，能够使工作效率提高，使核心竞争力增强。

（3）优化农产品冷链物流的流程。农产品从农户到达消费者手中有许多方式，选择的方式不同，物流环节也可能有一定的不同，因而可能物流所需时间与成本也会发生变化。我国农产品冷链由于流程缺乏整合，使得物流作业不集中，专业化水平也较低。因此，需要优化冷链物流的流程，减少流通环节，提高物流的管理水平，使其成为费用最小、速度最快的最优物流业务流程。农产品企业与物流企业彼此依存，有效整合供应链的内部。农产品物流中心在和其他企业达成战略联盟后，要与其一起发展、享受资源和承担风险，从而既高速又高效运营农产品。可按两类来规划农产品的物流业务流程，一类为从农户到消费者的途中不进行加工的农产品，此类流程为生产者将农产品交于批发市场，配送中心前往批发市场提取农产品并发往超市等零售点；另一类为农户送往加工企业进场加工的农产品，此类流程为配送中心从生产者拿到所要配送的农产品运输到农产品加工企业。

（4）与第三方物流合作。冷链物流需要的投资成本大，一般的企业难以独自负担。企业如与专业第三方物流企业合作，将物流环节交给第三方，利用第三方的规模效益，就能降低运营成本、集中资源增强自身竞争力。落实精益思想需要贯穿冷链物流这项系统工程的整个流程，因此，第三方物流企业将积极参与协调国内农产品原有的冷链基础设施的整合。不仅要建立核心企业为中心的冷链物流体系，而且还要积极扶持现有的第三方企业，支持原有储运公司朝着第三方物流转变。与第三方物流合作，可以更好地使冷链物流整体水平提升，并使其精益程度提高。

（5）引进和培育精益冷链物流的专业人才。冷链物流由于极高的综合性需要全能复合型的人才，具有专业冷链物流的知识与操作能力的高素质物流专业人才能使冷链物流更快更好地发展。所以，要重视培育冷链物流人才，提高从业人员的专业素质。各大高校可以加强物流人才的培养，通过教学让其学会和应用物流管理、冷链物流、制冷方法、物联网等冷链物流可能涉及的不同版块理论重点。在简化业务操作流程后，操作人员需要严要求高规范传达信息，尽可能利用计算机、自动化办公等，提高冷链物流的效率。因此物流企业可以对职员进行专业培训，提升他们的技能，同时引进冷链物流的高级管理人员。

仅仅注重人才的培养与引进是不够的，还需让各个层级的管理人员学习精益思想，使各级的操作人员在工作方面追求更加完美。

（6）使信息透明化。采用信息技术有利于传统农产品物流运作的改变，缩小企业间的距离，使信息越发透明化。

冷链需要传递物流、资金流和信息流，通过共享与有效传递信息来整合冷链可满足快速响应消费者需求的要求。冷链物流信息系统可以提供产品有关的信息沟通，也支持产品安全核查功能及追查问题食品功能；实时共享冷链物流的信息，可以节约存储信息和传达信息的成本，使企业更具竞争力。完善信息传递平台，提供农产品市场价格查询功能、预测其变化趋势功能、分析农产品的市场需求及供需关系的功能、反映行业动态功能等。将现有的农产品有关信息资源进行汇总，采用链接的方式来发布，从而达到信息共享的目的。通过加快建设物流企业的信息系统使农产品供应链的信息一体化，来达到完善农产品信息传递平台。具体实施需要农户、农产品供应商、零售商和消费者通过采用网络平台及利用各种信息追踪反馈技术彼此联系，实时追踪、有效控制和管理农产品冷链的每一个环节，从而实现资源的共享并使信息透明化。同时，也需要政府建设与此相关的法律法规，确保信息准确无误，保障农产品的物流信息平台健康运转。

（7）政府部门的积极引导。我国农产品冷链物流仍处于初步发展阶段，政府应对发展农产品冷链物流起积极引导作用。第一，对农产品冷链物流进行总体规划，拟定有关的法律法规，推动冷链物流的发展；第二，投入机制应更加多元化，建设农产品物流的投入力度应继续加强；第三，政府、物流组织，以及有关企业一起创设农产品冷链联盟，创立和完善农产品冷链物流的质量体系；第四，加强农产品的冷链物流平台建设，积极支持相关项目的建设。

政府能够采取的具体方法有：①制定相关政策，如低碳补贴、税收扶持等；②鼓励支持物流企业向国外学习低碳物流技术，开发低碳的物流技术设备，多利用新能源汽车，将太阳能发电设备应用于冷库；③利用和改造运输、仓储基础设施设备，整合运输仓储的基础设施设备的功能和布局，通过使用仓储管理系统软件、信息识别技术等来使现有设施的使用效率得到提高；④积极发展快捷的运输网并对其优化，将公路、铁路、水路联合从而提高物流的效率；⑤使配送路线合理化，同时积极推动企业采取共同配送的模式。

（8）使农产品冷链物流体系一体化。物流企业如果独自成立冷链物流中心，所需的投资成本很高，因此，冷链物流行业应该共同成立冷链物流的配送中心，共同配送农产品。共同配送对许多方面都有益处。对于冷链物流而言，减少了许多资金、设备、土地及人力等资源的消耗；对于企业而言，能够使运营成本降低，不必花额外精力去经营其他非核心业务，从而促进企业发展；对于交通运输而言，能够通过减少社会车流总量尽可能使因卸货导致的交通妨碍现象得到改善。总之，一体化的农产品冷链物流体系可以使冷链商业的物流环境得到提升。

以上提出的所有实现农产品精益冷链物流碳减排的建议，从本质上，都是为了降低时间、成本、农产品等方面的浪费，既要厉行节约又要满足需求。

4.2 大数据在农产品冷链物流碳减排中的应用

互联网的浪潮来势汹汹，随着互联网、物联网、通信网络技术的发展，尤其是大数据和云计算技术逐渐普及和推广，企业冷链物流科技化水平也大大增加，冷链物流运输过程中也产生了海量的数据，如何将物流行业信息化、自动化、智能化，并运用大数据进行可视化物流运营管理，是物流行业目前面临的机遇和难题。

梁红波（2014）分析依据大数据技术发展云物流，可以高效整合物流资源、降低供应链各节点企业的物流成本、提升物流企业的增值服务水平[173]。邱晗光等（2014）将大数据应用于基于公共配送中心的城市配送流程改进，从城市配送报价、配送时间窗优化、配送路径规划、车辆调度及装载成本管理等方面阐述大数据的应用场景[174]。郭双盈等（2014）探讨了如何运用大数据进行可视化物流运营管理，并分析了物流行业目前面临的机遇和难题[175]。安吉特（Ankit，2017）通过采用 Delphi 技术来确定供应链管理的问题，并通过合并大数据分析来解决这些问题。最后，以大数据分析应用程序为例，展示了大数据分析研究中一些相对未被开发的领域[176]。杨建亮、侯汉平（2017）针对冷链产品的监管空白，作出了全面统一的数据统计分析研究[177]。王宇等（2017）分析了我国农产品冷链物流发展现状，探讨了我国在发展农产品冷链物流方面存在的不足，并借鉴国外农产品冷链物流发展经验，提出了大数据背景下加快发展农产品冷链物流的建议和措施[178]。苏尼尔等（Sunil，2018）对

2010—2016 年的大数据分析和供应链管理中的应用进行了研究，分别讨论大数据分析，然后讨论大数据分析在供应链管理中的作用（供应链分析）。并对目前的研究和应用进行了探讨[179]。邱玉莲、罗欢（2018）针对钢铁企业物流成本核算现状，通过比较传统核算方法和作业成本法，总结作业成本法的优势，并结合现有的大数据和云会计技术，提出大数据环境下作业成本法在钢铁企业物流核算中的应用，为钢铁企业在物流管理与核算实践中提出新的指导意见和思路[170]。

刘越（2010）指出将云计算用作于企业数据计算和分析，来驱动企业成本降低[181]。林海萍（2015）也利用大数据精准分析、预测、信息共享等功能来加强电子行业的绿色供应链管理，同时构建绿色供应链管理联盟，建立有效的绿色激励政策和措施[191]。米歇尔（Michele，2016）为科学界提供了一个全面概述数据处理平台的应用，该平台旨在利用欧洲道路交通政策领域的大数据潜力，促使下一代绿色汽车能够大规模部署，建设低碳道路[194]。

阿尔哈凡（Arghavan，2017）论证了他的一些模型在网络规模下的实现，是大数据分析的有力基础，通过对空间和时间变化的道路条件、路面特性、交通负荷和气候条件的整合，来实现对能源消耗和二氧化碳排放的大数据分析。提出了一种新的排序算法，对减少二氧化碳排放作出了显著的贡献[195]。

4.2.1 基本理论概述

1. 大数据的定义、特性与处理框架

人们对数据分析的热情因大数据和云计算的风靡而倍增。大数据（Big Data），指那些太冗长，难以通过以往的手段来处理的不太结构化的数据，需要用高效的手段去分析处理。但这个"太冗长"也是相对的，目前是指 1 PB（1000 TB）的大小；而"不太结构化"指的是难于放入传统数据库的行列。

通常来说大数据具有五大特点：Volume（容量）、Velocity（速度）、Variety（种类）、Value（价值）、Veracity（真实性）。

容量（Volume）：数据的大小决定所考虑的数据的价值和潜在的信息。

速度（Velocity）：指实时获取数据。

种类（Variety）：结构化数据、邮件、图片、视频、音频都包括在内。

价值（Value）：数据价值巨大，但密度很低。

真实性（Veracity）：数据的质量。

大数据技术的应用主要是通过数据的捕捉、数据存储管理、数据计算处理、数据挖掘分析和数据知识展现这五个环节实现的。如图 4.4 所示，首先从互联网、数据库和物联网等数据源导入数据，在采集的过程中精挑细选，接着再对海量的数据进行高效的存储，同时要满足多样的非结构化数据管理需求。然后即是大数据领域的核心环节——实时获取并分析大规模的复杂数据。由于大数据的规模庞大、种类斑驳、结构繁多，这使得传统的单机或并行计算技术完全适应不了。除此之外，需要从浩如烟海的数据中归纳总结，发现规律并提炼出新的知识，最后经过专业化的处理，把这些海量的数据可视化，清晰地表达出来。在应用到行业的同时，直观地传达给用户。

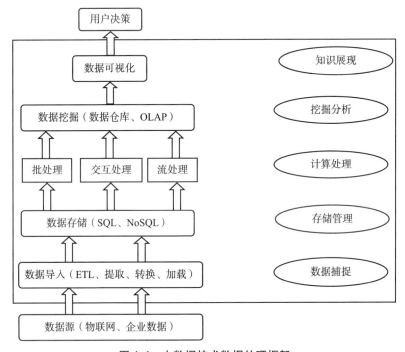

图 4.4　大数据技术数据处理框架

2. 以云计算为基础的解决方案

研究表明使用以云计算为基础的前瞻式数据分析有五大常用的部署实施模式，每一种都为企业组织提供了发展机遇。这五大领域包括了完整的解决方案、方法。其中有使用云计算推送数据分析到现有解决方案的方法，还有一些用云计算更加有效地构建前瞻式数据分析模型的方法（图4.5）。

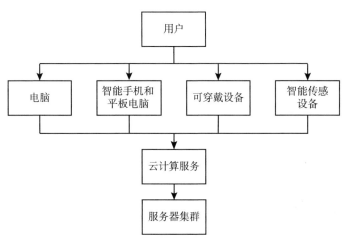

图 4.5 云计算的概念模型

这些以云计算为基础或软件即服务式的（Software as a Service，SaaS）推荐方案为决策制定提供了作为其核心特性的前瞻式数据分析。其中包括以云计算为基础，用于最优产品推荐、推荐选择它们是特定领域的应用程序包，能制定可以业务术语描述的特定决策或使其生效。前瞻式数据分析模型可整合嵌入至一解决方案框架里，以便客户收到更好的决策，而不仅仅是收到预测。如一个多销售渠道交叉销售应用程序能决定在不同的销售渠道中向客户推荐何种产品及何时推荐产品。这是以预测正在考虑中的客户买每一种产品的可能性为基础的，也是以有关产品如何及何时会被购买的规则条款为基础的，这些预测模型可能是由嵌入在解决方案中的软件自动构建而成的，也可能是由解决方案提供商直接构建而成。客户不必构建他们自己的模型，但这些模型要使用客户自己的数据构建而成。然而，无论如何，这些模型中有一些是用来自多个企业的数据池构建的，所以该解决方案的多个客户会有相同的前瞻式数据分析模型。如用于信用卡欺诈检测的应用程序会使用对多个发卡商的信用卡交易打分的机制，以测试某个特定交易是否有欺诈性交易的可能。

3. 用于软件的前瞻式数据分析

这些以云计算为基础的解决方案把前瞻式数据分析"注入"其他以云计

算为基础或以 SaaS 形式交付的软件中（图 4.6），如 SaaS 化客户关系管理（Customer Relationship Management，CRM）解决方案中的嵌入式客户流失率预测或以云计算为基础的接收信息平台中的交付风险预测。很多 SaaS 应用程序并不包括前瞻式数据分析，以云计算为基础的前瞻式数据分析解决方案可能是将较高端数据分析嵌入这些运维系统的最有效方法。使用云计算改进 SaaS 应用程序制定决策的精准性，可得到具有前瞻性的数据分析或计分程序。如信用风险计分程序可交付于 SaaS 式的 CRM 解决方案，接着可用于客户路由定位脚本，以此可将那些具有低信用积分的人路由定位给擅长帮助这些低信用客户的代理。正在考虑中的前瞻式数据分析模型能由客户、解决方案提供商或第三方企业来开发。它们还能以讨论的数据池数据为基础。模型应该使用软件来自动构建，或使用现有的数据分析基础架构来构建。但不管怎样，关键在于让这些预测可用于 SaaS 或以云计算为基础的应用程序中。

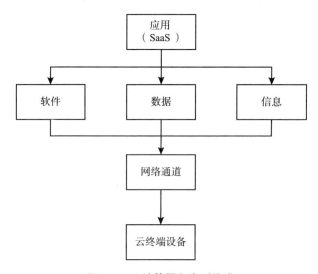

图 4.6　云计算服务类型构成

4. 数据云建模

数据云建模使用以云计算为基础的前瞻式数据分析解决方案来响应云中，而不是内部可用的相关数据日益增长的数量，如使用存储在 SaaS 式 CRM 系统中的客户购买交易和行为数据来构建前瞻式数据分析模型，还有就是用来自以云计算为基础的网络服务中可用的第三方数据来构建模型。企业需要用来构建前瞻式数据分析模型的数据源已越来越多地可在云中得到了。之前企业让它的内部解决方案包含所有客户、销售交易、人力资源、市场营销和网络数据，但是现在这些数据常常被存储在 SaaS 和以云计算为基础的解决方案中。除此之外，社交媒体和其他一些非结构化的数据也常常只能通过云来使用。大数据技术日益广泛的采用在某种程度上是由获取和分析云中大量可用新数据的需求驱动的。由商业联盟成员提供的数据池数据也有可能要在云中进行收集。用数据云建模要把所有在 SaaS 应用程序和第三方网络服务中的数据置入一个以云计算为基础的数据管理和建模环境中。它把前瞻式数据分析模型推送到云中，接着推送到这种数据中，使企业组织整个数据分析团队在任何地方都能获取它，并针对它构建模型。

4.2.2 大数据技术驱动冷链过程优化与低碳排放实现

1. 大数据技术可行性分析

（1）大数据可提高物流资源利用率。物流最重要的两点是速度和规划。货物配送需要最优规划，如何安排车辆人员、如何设置运输点、如何配送，每一个节点都需要信息化。大数据技术将物流信息交流平台开放化、透明化、共享化，将大数据和物流仓储相结合，通过智能化的数据处理分析，挖掘分析用户的来源等。物流由企业物流汇集而成，而企业物流在目标上追求自身利益最大化，导致物流资源浪费，物流效率达不到最佳状态。基于大数据的物流信息分析，能够更好地掌握各企业的物流运作网络路线及相关的资源配置，对所有数据进行整合分析，可以对物流作出整体最优规划，充分利用物流资源，完成有效配置。物流拥有内部所有物流数据及相关数据规划。货物运输过程中可从发货、运输联运连接和速度及到达时间上都可以得到足够的数据。物流每次收集的信息越来越多，并正在寻找新的方法来跟踪所有的数据。通过构建大数据资源共享平台，将各家快递公司的物流和货物信息进行最佳匹配，可以实时掌控物流的各种资源及信息，进行有效监控，在不增加费用的情况下，通过合理配置物流资源从而产生更高的经济效益。大数据资源共享平台的构建可以对每次物流运作流程进行规划与预测，可以有效地解决现行情况下，物流资源浪费，物流效率低下的问题。

（2）大数据可降低物流成本。大数据打破传统的物流固定人员和路线配送方式，以最少的资源配置满足最大需求，降低配送成本。通过信息交流平台收集各类信息，导入数据库结合时间地点等信息综合分析得出最优的配送计划的线路，将其发送至配送人员手中，配送人员按规定路线配送。在配送过程中实时获取路况信息，如果遇到突发情况，系统也可以及时优化路线，在最大程度上节约时间，同时降低车辆、人员、油料等费用。

（3）大数据可使物流满足客户需求。互联网时代的定制化客户需求随着市场的发展，客户拥有更多丰富的选择，物流的竞争愈演愈烈。同时，客户也越来越重视体验物流服务，希望在自身需求得到满足的同时，也能够掌握物流运作过程中产生的数据，以控制各方面情况。因此，要保持客户的忠诚度，满足客户定制化需求是非常重要的。采用大数据分析手段，对物流数据进行分析，挖掘其价值，通过对这些分析成果的合理使用，就可以了解客户的深层次需求，从而巩固与客户的关系，提高客户的忠诚度，避免客户流失。大数据技术为物流提供专业化的信息，将物流向定制化服务方式转变。企业可根据自身经营状况，量身定制企业所擅长的业务，优化资源配置，调整业务结构。

（4）大数据可提高物流管理水平。大数据将信息透明和智能化，可以实时了解物流网络任何一个网点的现状和业务，并利用大数据进行管理分析，为城市物流企业的战略规划和日常运作提供支持，提高物流的管理水平。物流在货物的流转、车辆追踪、仓储等各个环节中都会产生庞大的数据，采用"大数据"技术对各个物流环节所产生的数据信息进行分析、归类和总结，就能明确观测城市物流任何一个网点的现状，包括经营状况和业务情况等。通过技术手段挖掘数据，分析总结成报告，进而指导企业的战略规划，支持企业的运营管理和日常运作。

2. 大数据技术运用于冷链物流碳减排

（1）降低低温仓储能耗。在低温仓储设施中，制冷系统是最大的能源消耗系统，系统的维护、温度控制技术等是节约能源及成本的关键。大数据管理下的温度监控系统可以促进设施的高效运行，从而达到良好的节能效果。将温度监控系统集成到整个低温仓储设施的设计中，对区域仓储商品品类进行有针对性的分配和优化，并进行温度控制数据的测量和记录，使其成为减少能耗的必要手段。

关于节能设施有以下具体要求和注意事项。

①确定设备满足整个设施的热负荷要求，当负荷随时间变化时，可采用多

种压缩机类型混合的方案来最有效地满足负荷需求。②采用多台压缩机,当其中某台失效时,可以有备用压缩机。③使用合适的油冷却方式。④使用高性能电机。⑤氨系统中采用空气排放器:空气(或者是氨在高温下分解成不凝性气体,如氮、氢等)在制冷系统中是有害的,它能使冷凝器的工作压力升高;由于排气压力增高,排气温度也增高,产量减少,耗电量增加;据经验,冷凝压力升高105帕,耗电量增加6%~8%,所以必须经常清除高压系统的空气,氨系统中的空气排放器就是专门用来排放空气的。⑥采用合适的蒸发器类型:直接膨胀式、满液式或者再循环式。⑦采用专门的计算机控制系统调节能量,通常可节省至少25%的能量。

在运输过程中安装速度控制装置可以降低燃油消耗,制冷系统的自动化控制能够杜绝人为因素的影响。在大数据和VIP(Vacuum Insulation Panel,真空绝热板)真空隔板保温能大幅降低能耗,LED(Light Emitting Diode,发光二极管)技术应用于冷冻冷藏照明可节省50%的电量。此外还有冷冻、冷藏、加温多功能双温车,新型除霜设备等。

冷链车上的智能传感设备通过网络通信将数据上传给大数据分析平台,冷链物流公司和顾客能通过终端实时监测到车内温度与车辆位置。大数据分析平台能通过车辆反馈的信息对车辆实时做出处理,如冷链车行驶路线,行驶速度,车厢温度等信息,立刻能对冷链车做出相应调整,降低能耗。

(2)货物冷链物流运输流程。一般货物运输网络的流程由货物受理服务、发货站装卸搬运分拣作业、干线货物运输、收货站装卸搬运分拣作业、送货及货物送达服务5个环节形成。公司一般会在收发货量比较大的城市设立冷链分拨中心,因此货运站之间可以不再进行直达运输,而是通过冷链分拨中心中转货物,这就构成了货物冷链物流运输轴辐式网络(图4.7)。

通过货物冷链物流运输轴辐式网络,货物的流经路程和直达式运输网络相比发生了较大变化,这主要体现在干线线路运输部分:受理货物之后,货运站先将收集的货物暂时存放在仓库中,并对货物进行检查及必要的包装处理,最后将全部货物装入干线运输车辆中,运往冷链分拨中心。冷链分拨中心负责对整个运输网络中的货运站送来的货物进行集中,按照货物的流向进行分拣处理。在经过货物分拣处理后,各个货运站的班车需要装入其他货运站运往该货运站的货物,然后返回原货运站,其余的过程和直达式网络运输相同。

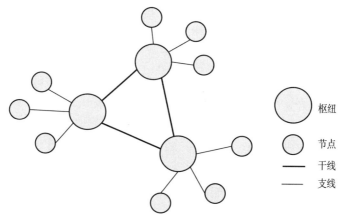

图 4.7　轴辐式网络运输

　　利用大数据处理公司经营者的一系列问题：如何确定发车货运站，如何确定干线运输路线，如何确定分拨中心选址等。伴随着 RFID、RS（Remote Sensing，遥感技术）、GPS（Global Positioning System，全球定位系统）、GIS（Geographic Information System，地理信息系统）、温度传感器及物联网与移动网络技术水平的提高，信息数字化、网络化、智能化、柔性化、可自动化下的冷链物流系统的应用要产生大量的数据。同时企业可以利用路径历史数据记录，在不同时间段选择最优路径，提高运输配送效率，有效缩短商品到达时间，降低能源消耗。因此，高效地应用大数据在农产品冷链物流中需要充分挖掘和利用海量数据，找到价值数据用以提高冷链物流效率，降低碳的排放量。

　　（3）冷链温度监控。冷链管理信息系统是基于监控设备和网络服务的软件管理系统（图 4.8），能对冷链所监测的数据进行储存、查询，以及实时显示等功能，对协助冷链管理、提高冷链运营质量有极大的帮助。

　　全程连续冷链多角度温度监控，冷机状态监控，温度异常提前预警，运输过程中冷机关闭报警，货物装载前，严格要求提前预冷，达到储藏温度后方可装车。货物交接过程中，严格控制开门时间保障箱体温度。

　　在冷链车中安装温湿度和光照传感器，并将数据传送到远程服务中心，根据历史数据分析出储存该产品最适宜的温湿度和光照，以此降低农产品的腐损率。

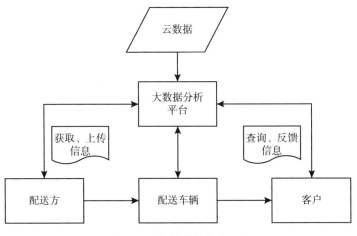

图 4.8 运输监控示意图

随着自动识别技术、电子数据交换技术、智能交通、物联网和人工智能等技术在冷链物流中的广泛应用，在物流领域广泛推进移动通信 4G、GIS、RS、RFID 等技术和北斗、GPS 导航等全球导航技术的创新与应用，通过平板电脑等终端设备就能清楚了解到车库内的温度和湿度，这些都已经通过大数据和物联网开始得到实现。

4.2.3 大数据在京东冷链物流碳减排中的应用探索

1. 京东冷链物流分析

（1）京东简介：京东集团是我国目前最大的自营式电子商务平台。京东通过自建物流体系，用快速且可靠的方式将自己的产品配送给消费者以取得成本优势，以具有价格竞争力的产品和具有品牌效应的服务占据着市场上很大的份额。为了进一步扩大市场份额，抢占蓝海市场，京东采取了以下措施。

2013 年京东宣布将于当年 9 月左右推出自营农产品，开始布局生鲜板块。此时京东还没有建立冷链物流体系，而是与顺丰公司合作配送。

2014 年 5 月，京东开始涉足冷链物流配送。通过冷链配送将产品送达消费者，开始进行了冷链物流领域的试水。

进入 2015 年，京东继续发力入股天天果园，意在进一步开拓京东在生鲜电商领域的布局。这一系列的布局涉及了冷链物流的各个环节，包括基地整合、平台开放、模式创新、物流线路优化等。

（2）京东冷链物流发展现状。

①硬件设施。京东自 2007 年年初就开始自建独立的物流体系，截至目前京东已具有中国电商领域规模最大的物流基础设施，京东在 2009 年在上海投资建立快递中心后不断加快物流中心建设，现已先后建立了七大一级物流中心。这七大物流中心分别以北京、上海、广东、成都、武汉、沈阳和西安为中心，辐射华北、华东、华南、西南、华中、东北和西北地区；此外京东还在物流中心所在地周边的大型城市建成二级仓库，扩大其物流网络。截至目前，京东提供的冷链物流网络覆盖的城市已经超三百个，日均处理订单达百万件。

一直被视作京东的"护城河"的自建物流体系是京东最重要的核心竞争力之一，也一直是京东重点投入、重点研发的板块，根据近日京东发布的 2018 年报告可知，截至 2018 年 12 月 31 日，京东在全国范围内已经运营超过了 550 个大型仓库，约为 1200 万平方米的仓库总面积，共有超过 21 万个签约商家，超过 17.8 万名正式员工。且近日京东更是宣布在 2019 年年底新增岗位需求预计将达 1.5 万人，其中京东物流将在 2019 年年底需新增人员达 1 万名员工。

除此之外，最值得关注的是，截至 2018 年，代表着京东物流国际化高水平仓储供应能力的智能仓库"亚洲一号"已达到 16 座，投用了全国规模最大的机器人仓群，数量超过 50 个。在无人机与配送机器人方面，京东无人机已经在全国 8 省实现常态化运营，配送机器人则落地全国 20 多个城市，同时率先在长沙和呼和浩特落地了全球第一个和第二个机器人智能配送站，有效地解决了城乡"最后一公里"配送难题，京东自建的仓储配送体系已逐渐完善。

在京东物流发展如此迅速之际，作为京东物流重要抢占板块之一冷链物流也进入了高速发展期，京东的冷链物流已覆盖深冷、冷冻、冷藏、控温、常温五大温层，成为中国最大的生鲜电商冷链宅配平台。在仓储布局方面，B2C 网络覆盖超过 300 个城市，仓库日均订单处理能力达百万件。在硬件设备方面，冷库专用货架全面普及，能提供 -18℃至 -10℃冷藏车车辆，智能保温箱已升级至第四代，材料规格符合美国 FDA 标准，WTO 范围内流通，同时拥有先进的温控设备，可以实施严格的温控检测及追踪，保证各温层生鲜商品在流转过程中的新鲜度。在冷链物流产品方面，京东提供纯配送服务、仓配服务、原产地生鲜产品服务、B2B 服务四大冷链服务。

尽管京东的自建物流体系已在逐步完善，生鲜冷链物流也进入了高速发展期，但受限于冷链物流的各种特殊性，对于很多二三线城市以及一些偏远的农村地区，京东冷链物流依旧只能完成主要城区的配送，对比较偏远的城市更是将物流外包给了其他企业，冷链物流服务还未能完全做到"全线通车"不断链，冷链物流的建设任重道远。

②软件基础。2014 年 10 月，京东位于上海的"亚洲一号"现代化物流中心试运营 WMS 5.0 系统，该新系统的使用是京东加快物流建设的一个信号。

2014 年 11 月，京东物流配送分拣系统——青龙系统 3.0，首次对外解密双 11 日处理 1400 万单运营的技术支持。

2014 年，京东重点开放其供应链系统，扩大自己的供应链覆盖范围。随着主要竞争对手阿里巴巴投身建立物流体系的开放平台，已有很多的商家资源和物流资源与阿里巴巴达成合作意向，京东以往自建物流的模式取得的优势渐渐缩小，在新市场的竞争上，京东必须新建冷链物流体系去争夺资源和优势。

在需求管理和产品预测方面（图 4.9），京东目前能做到：通过 28 天预测值，预测每一个 SKU（Stock Keeping Unit，库存量单位）未来量并驱动 RDC（Regional Distribution Center，区域分发中心）与 FDC（Front Distribution Center，转运中心）的调拨和补货，保证商品量和限购率，以人工智能来预测库存量。在新建冷链物流之后，面对需求量大且每日需求变化极大的生鲜产品，现有的体系尚没有充足的数据和方法来进行预测，难以实现供应商和消费者之间供需关系的协调。

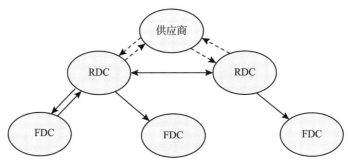

图 4.9　京东销售——预测业务图

京东的生鲜产品电商采用的是 ABC（Agents、Business、Consumer）模式（图 4.10），即从供应商基地直接到京东平台体系再到消费者，冷链物流是贯穿供应链始终的要素。ABC 模式主要是由代理商（Agents）、商家（Business）和消费者（Consumer）共同搭建的集生产、经营、消费为一体的电子商务平台。三者之间可以转化，形成一个利益共同体。因此，京东的冷链物流是其开拓发展生鲜市场成败的关键。

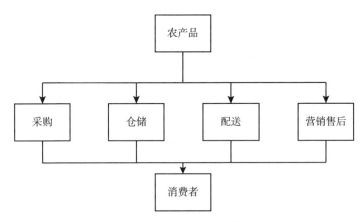

图 4.10　京东生鲜电商模式

京东自 2014 年开始布局自建冷链物流体系，建设时间尚短、体系还不成熟。随着京东和生鲜产品供应商的合作的增加，以及京东平台对生鲜板块推广力度的扩大，京东的冷链物流体系建设会进入快速成长的阶段。

2. 京东冷链物流出现的问题

（1）缺乏先进的冷链物流硬件设施装备。京东目前的仓库和运输设备主要是来自传统物流，缺乏专业的冷链物流硬件设施装备，在冷库的建设中缺乏合理地利用能源对不同类别的产品按需进行低温管理，在配送过程中主要是利用冰块对产品进行冷藏，没有使用专业的冷藏车和冷冻车。这些设施的不完善就导致了生鲜产品在储存和运输过程中的损耗过大，影响产品的质量。

目前，以加拿大为代表的冷链物流发展较快的国家，更多地使用了标准化的冷链运输设备。如 TG 集团所采用的三段式冷餐运输车，不仅能实现自动控温和记录，还有卫星进行监控，能够实现同时运送三种对温度有不同要求的商品。这样就极大地缩减了运输所需的燃料费用，同时又有效地利用了冷藏车的空间，使得单位产品负担的物流成本更低。

（2）缺乏完善的冷链成本信息系统。物流信息系统的构建对冷链物流的发展起着关键作用，正是物流信息系统的联通使得整个物流活动之间相互联系。一个完善的成本信息系统，不仅是记录物流服务的进行情况，更重要的是能够对物流中的相关数据进行分析，找出成本控制的关键所在。

京东目前没有针对冷链物流的专业信息系统，这不仅导致了京东在冷链物流基础设施建设上没有规划、造成投入资金的浪费，同时也影响京东对冷链物流配送对象的管理，难以及时处理不同产品到期的情况，也不利于上游供应商的供货时间和数量的安排。

（3）缺乏冷链物流专业的人才。我国从改革开放之后开始引进和学习现代物流，物流发展的起步比较晚，至今仍和发达国家有明显的差距。国外对物流科学的研究起步早，对物流的基础建设和人员培训都已经形成了完整的系统，不仅专业化程度高，更是有具体的细分，对物流从业人员的专业知识和职业素质都有标准化的要求。与之相比，我国的现代物流教育水平比较落后，缺乏科学完善的物流教育系统和相关的从业人员培训体系，从而制约了电子商务企业的发展。

由于这些因素的影响，京东目前内部懂得物流的人才比例也比较小，大多数配送人员并没有经过物流的专业教育和相关培训，只是单纯的运送，却缺少成本控制的意识，这对京东冷链物流系统的建设十分不利。

3. 大数据运用于京东低碳物流优化方案与建议

想要解决冷链物流成本高、碳排放量大的问题，就必须建立一个完善的大数据系统，对仓储、运输、设备等方面进行协调化的分工处理，提高自身数据分析和应用能力。

（1）运输环节的低碳化。想要实现京东冷链物流的低碳化，主要在于将冷链运输中所产生的能耗减少。在能源类型的选择上，要尽量减少高污染能源的使用，增加清洁燃料的使用。要增配混合燃料汽车、电动汽车等新能源汽车。主要通过以下三点对冷链运输过程的各个环节进行优化和处理。

①利用大数据对运输线路进行科学的处理和优化。车辆出发和运输等网络路线都能通过 GPS 纳入大数据的计算平台中，结合当地的时间、地点和实时交通状况计算出最佳路线，极大地提升资源的运输效率，降低能源消耗。

②采取共同配送。共同配送是通过集中化的处理，降低配送成本，节约人力成本，减少车流量，改善交通拥堵，多个货主共享一个第三方物流公司的设施和设备，能够有效提高车辆的装载率。共同配送使得配送企业能够整合运输

资源，选取最佳方案，使得人员、物资、资金等的利用达到最优，付出最小的成本，取得最大的效益。

③大力发展第三方物流。第三方物流是指由供方与需方以外的第三方物流企业提供物流服务的业务模式。发展第三方物流，不仅可使企业集中资源增强核心竞争力，降低企业成本，而且可以促使物流合理运输，减少配送环节，减轻交通拥挤的现象，缓解由物流运输带来的环境污染。

（2）包装环节的低碳化。实现低碳物流，要落实包装环节的低碳化。目前，塑料包装材料所引发的环境问题日益突出，对环境造成极大危害。作为物流企业，要大力推广环保绿色包装。循环使用包装，选用简化和可降解包装。大力推广集装化包装，有利于物流系统运作的机械化，加快作业速度，节约包装材料和包装费用。对于废弃后难以降解的高耗能包装材料，应提高其回收再利用水平，实现废弃物的再利用。

（3）提高京东冷链物流的数据分析水平。针对采购环节的成本控制，京东可以借鉴准时化采购（JIT 采购）的思想。JIT 采购的核心思想是以消费者的需求决定企业采购货物的数量和时间，通过提高库存商品的周转率加快资金周转的速度，达到降低库存成本的目的。对于电商企业的生鲜产品来说，基于其易腐性，以需求决定生产是十分有必要的，但需要注意的是生鲜产品的销售有订单数量多、单笔金额小的特点，如果完全照搬 JIT 采购的处理办法，会导致企业运输成本的增加。因此，需要在系统中建立强大的数据库，实现对消费者需求的预测然后进行合理地采购，让库存成本和运输成本得到平衡。将冷库建立在何处可以使冷库在供应商到各消费者的距离处于最优的位置，如何规划冷库内部的布局使其容量得到最大程度的利用并使得消耗的能源相对低，这些问题的分析和计算都需要先进的信息技术系统为依托。

利用云计算技术来提供有弹性伸缩，以满足要求的前瞻式数据分析解决方案。京东冷链物流能针对大型数据集，使用最优化或其他高要求的算法来构建或运行复杂的前瞻式数据分析模型时所进行的额外资源动态分配。当公司正在构建和使用前瞻式数据分析模型时，在不同过程中计算能力量需求有很大的差异。在云中构建前瞻式数据分析模型潜在提供了无限的可伸缩性，这是因为云（公有云或私有云）能交付灵活的计算能力量。这易于为建模活动按需添加和提供新硬件，而不要求预先定义好要购买、提供和配置的硬件数量。

尽早让信息技术（Information Technology，IT）和数据分析人员建立一支多学科交叉的团队，一起参与和进行模型有关的工作。当必须分析大型数据集或要求以复杂仿真来产生前瞻式数据分析模型时，团队需要比分析结果或调查数据有更大的处理能力。同时京东冷链应该注意到，在讨论数据分析团队的组织化结构可选方案时，也可以利用大数据分析人力因素，通过分派工作和培养人员及其他目标进行取舍。

4.3　物联网技术在农产品冷链物流碳减排中的应用研究

随着技术的更新，物联网技术在冷链物流企业低碳化过程中得到了更多的应用，实现以物联网技术为基础的物流信息化建设成为冷链物流企业发展的新方向。因此，如何构建低耗能、低排放、高效率的低碳型冷链物流体系，帮助冷链物流企业实现节能减排，以提高经济和生态效益成了现代物流行业面临的关键问题。

4.3.1　基于 BDS[①] 的物联网技术架构及应用模型研究

物联网是指运用 RFID 标签、红外感应器、全球定位系统、相关识读设备等传感装置，按照一定的协议，通过各种通信网络实现物物互联，并对连接范围内的物体进行信息采集、处理，实现对物品的自动识别、追踪定位、导航及可视化监控的信息网络。

1. 物联网技术应用现状

物联网技术因其显著的优势而被广泛应用于智能监测及自动化控制领域，极大地了提高了企业工作效率、节约了成本。针对物联网的发展，从政策支持到技术创新，我国正在加紧布局物联网市场，把物联网产业列入当前的一个重点产业来发展。另外，根据相关研究，嵌入在普通物体上的传感器与智能标签等装置的数量将远超智能手机拥有量。物联网应用的普及，将推动传感器和电子标签等电子元器件的规模化生产，为经济发展注入新的动力。

物联网产业拥有包括传感器、控制器，以及云计算等在内的完整产业链，其产品在交通、物流、环保等社会各个行业都得到了广泛应用。2011 年，我

---

① BDS，全称 Bei Dou Navigation Satellite System（北斗卫星导航系统）。

国物联网市场就已达到 2500 亿元的规模。而在构成物联网产业的五个层级中，感知层、支撑层、传输层、应用层和平台层在物联网产业规模中的占比分别为 22.0%、2.7%、33.1%、4.7% 和 37.5%。其中感知层、传输层之间的市场竞争最显著。

物联网作为 21 世纪的又一个万亿级市场，将成为促进经济社会发展的重要推动力。

2. 基于 BDS 的物联网关键技术

（1）嵌入式可编程 RFID 技术。

①智能标签的概念及其特点。RFID，即射频识别技术。指利用射频信号及空间耦合（交变磁场或电磁场）的传输特性，实现对静态或移动物体的自动识别。近几年，随着物联网产业的兴起而获得了快速发展。

随着需求的升级，物联网技术应用也需要不断更新，只具备简单控制和管理功能的传统 RFID 技术已无法满足未来各行业复杂业务处理的需求。人们希望通过可嵌入式编程的 RFID 技术，将关键算法固化到 RFID 标签当中，当环境改变时，可以通过算法自动调整状态以适应环境，从而满足日益变化的市场需求。

嵌入式可编程 RFID 技术是在传统 RFID 技术基础上进行创新的非接触式自动识别技术，作为物联网的关键技术，RFID 标签具有良好的综合性能，其优点主要体现在以下几个方面。

a. 无须借助各种光源，可以穿透外部各种材料读取数据。

b. 安全性能高。由于 RFID 携带的是电子式信息，可以对内容进行加密保护，防止伪造和变更，具有较高的安全性。

c. 非接触式阅读。读写过程中不需要与标签直接接触，读写速度快，在各种复杂环境中也能正常工作，环境适应性强。

d. 数据存储容量大。标签内容可以反复读写，广泛适用于需要存储大量数据及数据需要频繁变更的场合。

e. 体积小、易封装。能嵌入在大多数物体内，同时可以满足被标记物体的美观、简捷需求。

f. RFID 标签具有强大的防伪功能，通过应用在物流领域，实现对产品可视化监控和追踪，通过分布式数据库的管理，实现对产品的追踪溯源，保障产品的质量安全。

g. 可以进行嵌入式编程，自适应能力强，可重复利用率高。

h. 动态实时通信。在有效识别范围内，标签与解读器之间以 50～100 次/秒的频率进行通信，实时对物体的进行监测。

RFID 技术对海量数据的快速、准确以及自动的采集和输入能力，使得其在冷链物流仓储、配送、温控、追溯等各环节的应用起着关键作用。

②RFID 射频识别系统。RFID 射频识别系统是利用现有的信息技术、数据库技术、嵌入式系统技术及中间件技术搭建起来的信息采集和交换网络。能够对海量数据进行快速、准确及自动的采集，并对数据进行智能处理、分类和筛选，完成数据通信任务。

RFID 系统主要由信号发射机、信号接收机、发射接收天线及系统软件四部分组成。

a. 信号发射机。一般是电子标签（Tag），通常是带有线圈、天线、存储器和控制系统的低电集成电路，核心部件为耦合元件和芯片，用来存储需要识别传输的信息。

b. 信号接收机。即阅读器（Reader），主要为固定式和手持式。通过对目标对象的自动识别，进行数据的获取和传输。

c. 天线编程器。向标签写入数据的装置，可通过离线或在线完成编程。

d. 天线（Antenna）：用于收发射频信号。

e. 系统软件（Programmer）：嵌入的系统软件及相关算法。

③ RFID 技术工作原理如图 4.11 和图 4.12 所示。

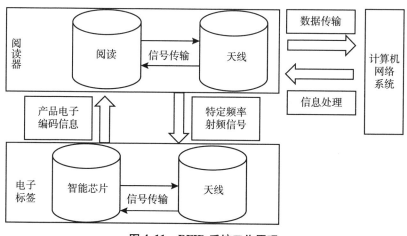

图 4.11　RFID 系统工作原理

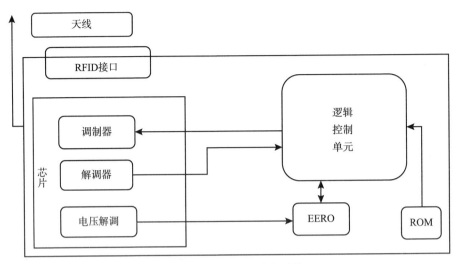

图 4.12　RFID 标签内部结构

根据图 4.11 和图 4.12，阅读器内置的阅读模块通过天线发出射频信号，当贴有标签的物体进入可识别范围内，标签会发送本身所携带的编码信息，再由阅读器识别，并通过在计算机网络系统内设定的算法对信息进行解码，最后将用户可读信息传递给目标用户。

RFID 技术工作效率高，操作简捷，同时，由于技术更新，RFID 标签的成本也逐渐下降，对物流管理的信息化需求的日益增长，RFID 配套产品及相关技术被广泛应用于物流的配送、流通、仓储、监控等各个环节，依托 RFID 技术设计的新的业务流程及平台应用，极大地增强了物流企业的信息处理能力，提高了现有物流服务水平。

RFID 标签根据不同的分类方法可以分为各种类型。

a. 根据标签工作的方式不同可以分为主动式、半主动式、被动式三种，见表 4.4。

表 4.4　　　　　　　　　按标签工作方式不同分类

标签类型	定义	特点
主动式标签	利用自带能量主动发射信号	自身带有能量
半主动式标签	有电源，用来驱动标签 IC	反应速度更快、效率更高
被动式标签	由读写设备发送查询信号触发通信状态	无电源，体积小，价格低

b. 根据标签的读写方式不同可以分为只读型和读写型，见表4.5。

表4.5　　　　　　　　　　　　　　按标签读写方式不同分类

标签类型		特点
只读型	只读标签	标签内容预先写入，只可读取不可写入
	一次性编程只读标签	标签内容可以在应用前一次性编程写入，过程中不能再改写
	可嵌入式编程只读标签	标签内容可以重复编程擦除和写入
读写型		既能被读写器读取又能够从读写器写入，数据双向传输

c. 根据射频标签有无电源可以分为无源标签和有源标签，见表4.6。

表4.6　　　　　　　　　　　　　　按标签有无电源分类

标签类型	定义	特点
无源标签	标签中无电源	使用寿命长，工作时距离读写器的天线较近
有源标签	标签中有电源	需要定期更换电池，距离读写器的天线相对较远

d. 根据标签的工作频率不同可以分为低频标签、高频标签及微波标签，见表4.7。

表4.7　　　　　　　　　　　　　　按标签工作频率不同分类

标签类型	频率范围	主要用途
低频标签	工作频率为30kHz～300kHz	如动物识别标签、行李识别标签
高频标签	频率为3MHz～30MHz	如电子门票、门禁控制标签
微波标签	频率为433.92MHz，862MHz～928MHz，2.45GHz，5.8GHz	如高速公路ETC

根据 RFID 技术的特点及其工作原理，在冷链物流配送中应用 RFID 技术，可实现对产品配送过程进行有效的实时监控追踪，从而了解产品的物流动态。

（2）无线传感器技术。

①无线传感器与探测技术。无线传感器可以探测、感知外界的各种物理量（如冷藏车温度、湿度等）、化学量（烟雾、气体等）、生物量（冷链食品状态等），以及其他各种自然参量。随着技术的升级，传统传感器正逐渐向更小更智能的可嵌入式 WEB 传感器过渡。

②无线传感器网络。随着技术的进步，以及冷链物流对传感器需求的增长，传感器之间的连接变得越来越重要，利用网络信息技术将独立分布的线下传感设备之间产生互联，并通过通信网络进行信息传输，从而组成具有综合信息处理能力的传感网络。

如图 4.13 所示，无线传感器网络（Wireless Sensor Network，WSN）主要由数据获取网络、数据颁布网络和控制管理中心构成。其核心是由传感器、处理单元和通信模块集成的 WSN 节点，根据一定的通信协议，各节点之间组成一个分布式网络，再将获取到的信息通过处理经无线电波传输给信息处理中心，最后将有价值的信息反馈给目标用户。

在冷链物流中，无线传感器网络被广泛应用于冷链运输过程当中，从遍布冷链运输车辆的环境监测传感器到物品的定位、追踪等，传感器网络让冷链物流更加透明化。

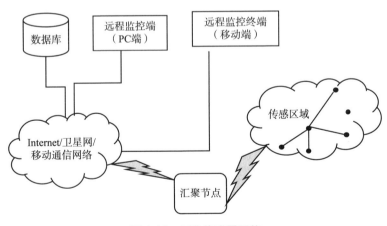

图 4.13 无线传感器网络

③智能视频监控技术。由于冷链运输过程的复杂性、不确定性因素，如何保障产品在配送环节的质量，成为冷链物流企业首先要面对的问题。作为现代

物流的特殊形式，冷链物流需要在整个环节中始终保持低温状态。因此通过在冷链运输环节中嵌入智能视频监控技术，实时监测和采集产品在运输过程中的状态信息，并通过移动通信网络及时将数据传递给监控中心，从而给出决策建议，降低风险，如图 4.14 所示。

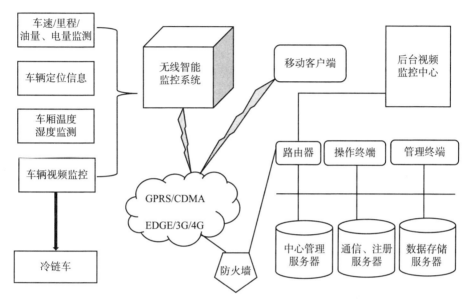

图 4.14　冷链物流无线智能视频监控系统拓扑结构

冷链物流行业的兴起，使得车载视频监控等技术和硬件设施的出现为冷链物流企业解决运输过程不透明，监控难度大等一系列问题提供了有效的途径。

通过在系统内嵌入智能处理模块，利用强大的算法功能进行图像采集、识别、处理等，筛选有效信息，精准定位，发现异常，及时触发警报或其他行为，实现对冷链物流过程实时、高效、智能的监控。

通过对冷链车运行状况（车速、里程、油量、位置、车厢环境等）监控数据的分析处理，综合评估当前状态下碳排放现状，从而调整运行状态，并通过优化配送路线、调整温湿度，甚至合理安排车速等手段，尽可能地降低能耗，减少碳排放。

（3）基于云计算的智能处理技术。

云计算主要以资源虚拟和分布式信息处理为特点，利用网络将较大的处理程序自动分解成大量较小的程序，再交给多部服务器所组成的系统，经计算处理后再将信息反馈给目标用户。用户可以在极短时间内处理数以亿计的信息，实现信息的即时反馈。云计算技术不仅具有海量数据存储、运算、挖掘的能力，还能把大量的 PC（Personal Computer，个人电脑）和远程服务器连接在一起，通过互联网提供较低成本的虚拟化资源服务。

云计算强大的数据处理能力，对物联网大数据采集的需求来说具有显著的性价比优势。而物联网利用云计算对数据进行挖掘、分析、处理，可以实现对冷链物流过程更加准确、高效地控制和管理，提高资源利用效率，从而节约企业运营成本。

（4）基于 BDS 的移动 GIS 技术。

移动 GIS（Mobile GIS），是依托移动互联网并以智能手机等移动智能终端为载体，利用北斗导航技术进行定位、勘测等的地理信息系统（图 4.15）。支持对空间数据的采集、处理、仿真等，利用其强大的数据采集处理能力，可以有效地解决冷链物流运输中路线规划、信息查询、风险规避及车辆调度等一系列问题。

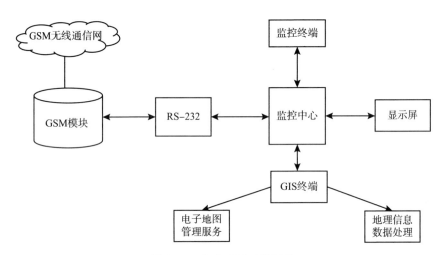

图 4.15　移动 GIS 系统架构

基于 BDS 的移动 GIS 技术具有以下特点。

①可移动性：利用移动通信技术直接连接到服务器，不受距离限制。

②服务实时性：通过移动互联网，可以实时采集数据并传输给数据处理中心，通过北斗移动智能终端可以将位置信息即时传递给后台服务器，同时可以实时接收服务器指令。

③频繁断接性：通常会频繁地发生网络断接，这要求移动GIS能够随时重新建立连接，并能够独立运行。

④带宽和计算能力有限：带宽的限制使得移动终端计算能力相对较弱。

⑤支持分布式数据源：移动用户对数据请求的多样性需求，要求移动GIS必须要支持分布式数据源。

⑥移动终端的多样性：可移动终端设备，其选择范围较广。

⑦信息载体的多样性：移动智能终端功能越来越多样，其所使用的信息也更加丰富。

⑧对空间位置的依赖：移动GIS服务受到移动网络覆盖范围的影响。

移动GIS技术显著的特点决定了其功能的强大，因而在冷链物流运输中起到了至关重要的作用，其主要具有以下功能。

①查询信息显示功能：通过GIS采集道路交通动态信息，如交通流量、道路实时拥堵情况等，以及物流的配送路径、位置信息、天气状况等信息都可以实时反映在移动终端地图上。

②配送路线规划功能：通过对物流信息数据的实时采集、处理，测算出配送点之间的经济距离、路线耗时，从而优化路径，缩短配送时间。

③冷链配送车辆管理：通过优化配送路线和区域，针对每条路线当日订单量，合理调度车辆，形成当日配送计划。

④突发预警和风险管理：通过传感设备实时监测车辆在运输过程中的动态信息，遇到突发情况及时报警或触发其他行为，最大限度规避风险。

3. 物联网技术应用体系架构

物联网作为一个系统网络，与其他网络一样，也有其内部特有的架构，物联网在各个行业中的应用都是以其基本架构为核心而搭建各自的专业应用体系，以满足不同行业领域的专业需求。

根据冷链物流企业的业务流程特点，物联网技术在冷链物流企业中应用的本质是为了满足冷链企业相关的业务需求，实现冷链物流企业的智能化、信息化、可视化，以及对海量数据的实时采集和快速处理，辅助决策，提高企业效率，节约运行成本。

如图4.16所示，根据物联网产业对物品信息的基础感知、信息传输及后台应用处理等产业链环节和功能特点，物联网可以划分为感知层、网络层、应用层、公共技术四个部分。

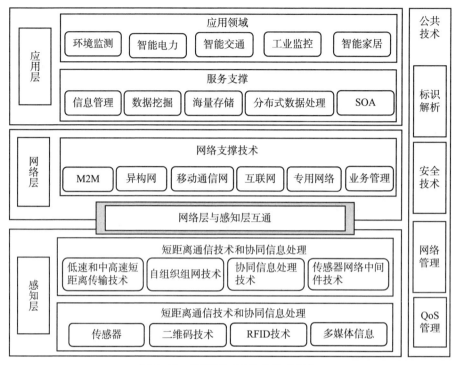

图 4.16 物联网三层技术体系框架

（1）感知层：主要通过 RFID 技术、中间件技术及传感器设备等对物理世界进行感知、识别及数据采集工作，并通过通信模块将物理实体连接到网络层和应用层。

（2）网络层：主要通过互联网等网络支持技术，以有线或无线作为传输媒介，通过 IP/CDMA 等接入方式进行信息传输、路由和控制，实现更加广泛的互联功能。

（3）应用层：终端业务平台，包括应用端和服务支撑端。通过应用层对来自网络层的数据进行处理，并利用终端设备实现人机交互。

（4）公共技术：服务于物联网体系的各个层面，为物联网技术提供必要的信息安全、网络管理等一系列的技术支持。

作为一个系统网络，物联网在各个领域的应用都是以感知、网络、应用及公共技术四个部分为基础架构，再根据不同应用领域的特点而搭建各具特色的专业应用模式。

4.3.2　基于 BDS 的物联网技术在低碳冷链物流企业的应用

1. BDS 与物联网技术的联合应用分析

（1）BDS 概述。BDS 是我国自行研制的、具有自主知识产权的全球卫星导航系统。

如图 4.17 所示，BDS 主要由三部分组成，即空间段、地面段和用户段，可 24 小时为用户提供全球范围内的精准定位、导航、授时及短报文通信服务，定位精度为 10 米，测速精度达到 0.2 米/秒，授时精度 50 纳秒。

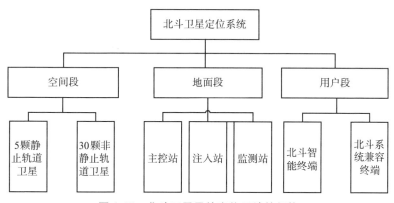

图 4.17　北斗卫星导航定位系统的架构

如图 4.18 所示，BDS 的主要功能包括运输车辆导航、定位、车内及周边环境监控、信息实时采集并处理。通过 BDS 对冷链运输车辆的精准定位、路线导航及最优配送节点之间的最优路径推荐，大大节省了物流耗时，保障了冷链物流的时效性。同时，由于用最短的时间完成了物流配送，缩短了冷链运输过程，从而减少了过程中的能源消耗，促进了碳减排。

（2）BDS 的工作原理。如图 4.19 所示，BDS 采用主动式双向测距二维定位技术，通过北斗地面控制中心解算出用户终端的位置并由卫星发送给用户，用户通过北斗终端接收并显示接收到的信息。地面控制中心可以保留全部北斗用户的位置和时间信息，并实现对整个系统的监管。

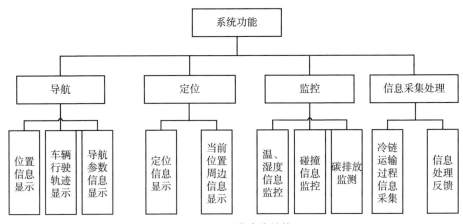

图 4.18　系统功能结构

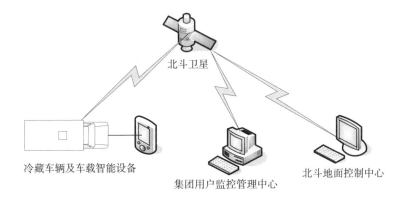

图 4.19　北斗卫星导航系统工作原理

（3）BDS 在冷链物流行业的应用概况。我国冷链物流发展相对落后，各种问题突出，高能耗、低效率、高成本等问题导致了冷链物流企业大量的碳排放，对生态环境造成了不利影响，制约了我国冷链行业市场规模的增长。

通过在冷链物流各环节嵌入北斗智能物流终端，实现对物品运输过程中位置等信息的实时监控，让冷链过程更加可视化，减少不必要的损耗，降低企业成本，成为冷链物流企业提高服务竞争力的重要手段。

①BDS 冷链物流云平台。冷链物流在运输过程中对产品温、湿度控制的特殊要求，使得如何解决物流运输的时效、质量、成本等问题成了冷链企业关注的焦点。通过 BDS 云平台，结合卫星导航定位、移动 GIS 技术、移动通信、物联网技术等手段，提供货源调配、配送调度、车辆管理、统计分析等服务，

保障冷链运输的时效性和高效率要求。

②运输车辆管理。通过收集货源、车源及路况等相关信息，可以将车辆的运行状态及时、准确地传达给后台信息处理中心，实现对车辆的有效管理。

③物流车辆监控调度。通过提供车辆位置服务、轨迹查询、电子地图、路线导航等功能实现对车辆和货物的动态监测。

2. 基于 BDS 的冷链物流实时监控系统的构建

（1）我国冷链物流监控系统应用现状。当前，国内冷链物流成本普遍偏高，冷链物流企业信息化水平偏低，冷链运输能力较弱，但随着人们消费理念的转变，以生鲜电商为代表的冷链物流需求越来越高，从目前国内大部分的冷链物流企业服务能力来看，难以满足庞大的冷链市场要求，在这样的现状下，要实现节能减排的目标更是困难重重。

针对当前冷链物流运输模式面临的诸多问题，在冷链物流企业中构建基于北斗卫星导航定位系统的冷链物流监控系统显得至关重要，利用北斗智能终端和移动通信技术、传感器网络技术等高效融合，实现对冷链运输过程位置信息的实时采集，冷藏车车厢环境的监控、配送路线优化、车辆运输轨迹回放等功能，对冷链过程实现全程监控并及时处理突发情况。这对于实现冷链企业信息化建设、保障冷链运输过程中货物质量安全，提高冷链运输过程中能源利用效率，实现节能减排目标有着极其重要的现实意义。

（2）冷链物流实时监控系统构建的可行性分析。

①经济可行性。一方面，BDS 可免费提供服务区域内定位、测速和授时等服务；另一方面，可嵌入式编程的 RFID 技术，可以将信息反复写入标签 10 万次，复用率高，大大降低了应用成本。

②技术可行性。我国预计在 2020 年建成北斗全球系统，北斗民用领域技术已经比较成熟。同时，以射频识别、视频监控、传感器技术等为代表的物联网应用发展相对成熟，证明了其在物流行业中应用是可行的。

③政策可行性。通过政策支持，国家大力倡导低碳型冷链物流的发展。

（3）冷链物流实时监控系统的构建。

①系统基本架构及工作原理。冷链物流实时监控系统基本架构如图 4.20 所示。

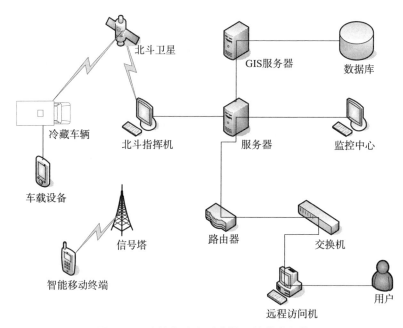

图 4.20 冷链物流实时监控系统基本架构

基于 BDS 的冷链物流实时监控系统基本工作原理为：系统在运行中通过北斗卫星为车辆提供定位、导航、授时等服务，车载设备（多种智能传感器、北斗移动智能终端、车载摄像头、碳监测设备等）将车辆信息发送给北斗指挥机并接收来自监控中心的各项指令。由传感器实时感知车厢的温、湿度信息，并通过控制模块实时调节。北斗移动终端为车辆提供位置及通信服务。车载摄像头采集运输过程中的视频信息，并通过移动网络将视频信息传输到服务器，通过服务器对来自北斗指挥机的信息及物流信息进行处理。GIS 服务器可以提供车辆运输过程中的地理信息服务，用户通过远程访问，向服务器申请查询实时物流信息。监控中心通过车载传感器、摄像头、碳监测设备等对车厢环境进行监控，并把数据传输给服务器进行计算处理并触发相应行为。

②系统硬件组成。如图 4.21 所示，系统硬件组成主要包括北斗定位模块、移动通信模块、信息采集存储模块、传感器与摄像头接口、GIS 系统引擎、控制模块及电源模块。

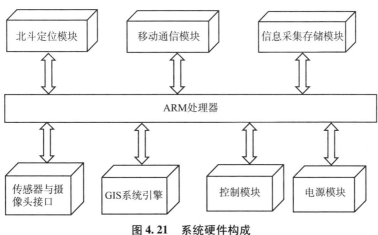

图 4.21　系统硬件构成

a. 北斗定位模块。通过集成北斗应用软硬件，提供导航、定位、测速、授时等服务。

b. 移动通信模块。采用华为 MU 509 无线通信模块，这是一种双频宽带码多分址（Wideband Code Division Multiple Access，WCDMA）工业级无线模块，支持语音和短消息业务，内置 TCP/IP 协议栈。该通信模块有 8 个 wire UART，采用 RS – 232 串行接口，同时支持双路接收、发送及 TCP/IP、PPP 通信协议。ARM（Advanced RISC Machines）处理器可以利用 MU 509 的强大数据传输功能随时随地进行数据上传和处理。

c. ARM 处理器模块。32 位元精简指令集（Reduced Instruction Set Computer，RISC）处理架构，因其体积小、低功耗、高性能、低成本等特点而被广泛应用于许多嵌入式系统设计中。

d. 电源模块。采用体积小、功率密度高的车载 DC – DC 电源模块，能够有效满足车载设备的用电需求。

③系统软件。如图 4.22 所示，根据功能需要，首先，本系统主要流程包括搭建系统开发环境并对系统初始化；其次，启动北斗定位和通信模块，通过网络拨号及 PPP 协商建立 TCP/IP 网络连接；最后，通过获取定位和初始化车载设备，采集车内信息，将定位信息传输到 ARM 处理器进行处理，并将处理结果传输到监控中心后流程结束。

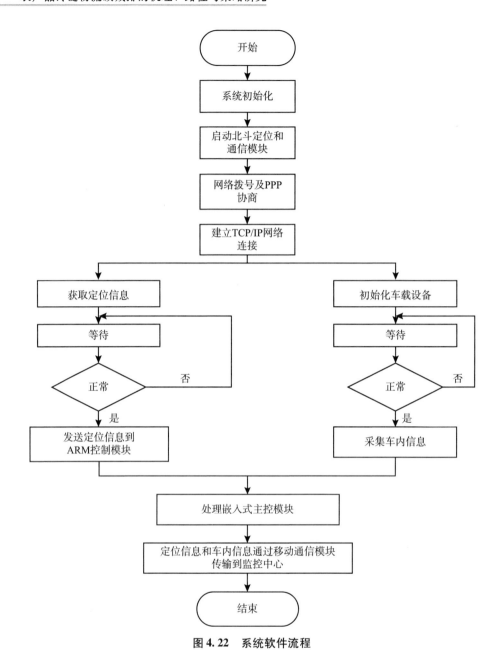

图 4.22　系统软件流程

3. 冷链物流企业低碳目标的实现

本书针对当前冷链物流行业存在的诸多问题，提出构建基于 BDS 的冷链物流实时监控系统。如图 4.23 所示，冷链物流智能监控系统利用北斗导航和物联网技术，优化了冷链配送体系，提高了冷链物流企业信息化水平，成为实现冷链企业减少碳排放的有效解决手段，具体体现在以下几个方面。

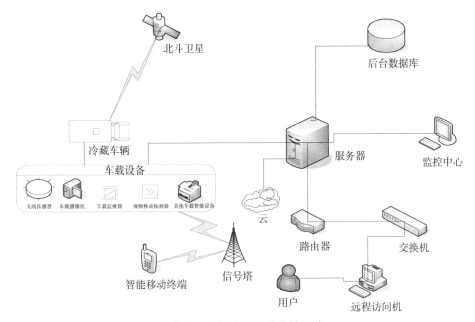

图4.23　冷链物流智能监控系统

（1）利用北斗卫星为冷藏车辆提供位置以及配送路线优化服务，缩短车辆在途时间，降低能源消耗，从而减少碳排放量。

（2）通过车载设备对冷链过程进行探测和监控，实现实时感知、精确定位，并通过密布的无线传感网络，实时采集运输过程中车内信息并进行计算处理，对温、湿度进行精准控制，最大化降低能源消耗，减少碳排放。

（3）智能优化管理冷链运输车辆。在系统数据库中集成有所有冷链运输车辆的基本信息，包括车源信息、货源信息、司机信息、路线信息等，利用北斗卫星实现车辆的精确定位、导航、配送路线优化和通信，将车辆的实时状态传递给监控中心，实现智能调度管理，提高配送效率，减少等待时间，从而降低能耗，实现减排。

（4）区域信息共享。利用系统的开放性，利用网络将物流信息上传到云端，用户可以通过远程访问实现区域内物流信息的实时共享，提高区域内冷链物流企业合作水平，减少过高的沟通成本带来的资源浪费，从而降低碳排放量。

4.4　本章小结

从技术与管理层面来探索农产品冷链物流碳减排的路径是行之有效的方式，本章重点从精益物流管理、大数据和物联网等方面对农产品冷链物流企业降低碳排放量进行了探索。

精益物流对农产品冷链的碳排放有着积极的影响。因此，将精益思想应用于农产品冷链物流作业管理中是极其有必要的。精益化的农产品冷链能够减少对环境产生的负面影响，减少资源浪费，同时也能降低成本，符合当今社会"低碳"的要求。

通过大数据技术的应用，冷链物流企业将冷链仓储、加工、运输中产生大量的数据进行整理与分析，并能够智能、快捷地作出降低碳排放量的可行性方案，从而降低冷链物流各个环节的能源消耗，实现节能减排。

通过物联网技术的应用，将 BDS 与物联网技术有效结合，探索基于北斗卫星导航技术的物联网在冷链物流行业中的应用，并通过构建冷链物流实时监控系统，希望可以为冷链物流企业提供信息化、专业化的解决方案，提高资源配置效率，最大限度地降低能源消耗，实现冷链物流各环节的碳减排目标，促进冷链物流企业低碳环保、健康可持续发展。

第 5 章
农产品冷链物流碳减排技术采纳
行为研究

5.1 农产品冷链物流低碳技术采纳的影响因素分析

随着经济的不断发展，人们对农产品的要求越来越高，一是表现在农产品的质量安全要求上；二是农产品从生产到销售所有环节上要实现低温保鲜冷藏，达到低碳节能减排的目标。我国物流业日益成熟，其发展环境和条件不断成熟。冷链物流为农产品运输及存储各个方面提供了有利的条件，但是我国的冷链物流还处于较低的发展阶段。当前我国的农产品冷链物流的发展水平仍然较低，与欧美等发达国家相比仍有许多不足，其中一个重要表现在蔬果类和其他鲜活农产品等没有完全进入冷链系统。而且根据中国食品工业委员会资料显示，每年我国蔬果类都有数量巨大的浪费，价值达 100 亿美元，并且我国农产品冷链物流仍然存在设备陈旧落后、缺乏公众认知、技术水平不高等各种问题。由于技术水平的限制和物流基础设备设施的不完善及资源的不合理配置，不能对农产品生产、运输、消费的每一个环节进行实时的温度、湿度监督控制，就有可能导致农产品的新鲜度下降，进而会影响其销售，更甚者会造成农产品的浪费。不仅如此，农产品信息化水平也会影响其冷链物流的发展，具体表现在农产品物流企业中采用 GIS、RFID 等信息技术的比重不高。

我国近几年才开始研究低碳技术，与欧美国家相比，我国低碳技术研发水平相对落后，缺乏核心技术，处于国际产业链的中低端，缺乏竞争优势，因此很多先进的低碳技术都需要向国外购买。有关资料表明，我国工业领域技术基础薄弱，创新能力不足，关键的减排技术将近70%要依赖于发达国家。因此，必须加强低碳技术创新。低碳技术在农产品冷链物流的发展过程中举足轻重，作用不容小觑。通过发展低碳技术，提高设备的保鲜效果，减少农产品冷链物流的碳排放量，实现农产品从生产到消费的各个环节都处于低碳排放状态，对我国农产品冷链物流的发展尤为重要。发展低碳技术，不仅可以降低能源消耗，还可以实现节能、健康、绿色的经济运行模式。低碳技术采纳问题是影响我国低碳物流的一个重要问题。低碳技术不仅会影响物流的碳排放量，还会影响低碳物流的产业结构调整及资源的有效利用率。本章就此展开影响我国农产品冷链物流低碳技术采纳的因素分析，并据此提出相关的建议和意见。

哈马（Hammar，2010）等在研究清洁能源和管道解决方案时，表示企业投资低碳技术与清洁能源的可能性越高，越有利于减少废气排放量、提高能源利用率[182]。甘乃迪（Kennedy，2014）等认为在减少城市温室气体排放，建设低碳城市方面，技术是一个重要手段。为实现城市完善的基础设施，需降低技术成本，实现低碳建设[183]。欧文（Owen，2014）提出微型企业安装和保持低碳能源设备，家庭也可以安装智能电表作为减碳措施的触发点[184]。福克森（Foxon，2011）等提出了可持续低碳经济的发展框架，进行低碳技术分析，促进可再生能源技术创新，实现未来经济向可持续低碳经济发展[185]。

孙韬（2010）在研究低碳技术对低碳经济的发展作用时，提出低碳可以改变目前我国高排放的能源结构，减少我国的二氧化碳排放量，提高新能源在我国能源结构中的比例；低碳还可以调整我国产业结构，实现新的经济增长[186]。尹立新（2011）分析了农产品冷链物流发展中存在的问题，提出加强管理和提高技术水平等对策[187]。庄汉（2010）提出以低碳产业园区作为低碳技术孵化的平台，对低碳技术实施各方面的扶持举措。他提出了加大对低碳技术知识产权的保护力度，设置低碳技术标准的建设性意见[188]。周五七等（2010）指出中国企业低碳技术专利竞争现状，中国虽然是低碳技术专利申请量最多的发展中国家，但是与欧美等发达国家相比仍然处于落后状态。因此提出了企业低碳技术创新的实施法案和战略方针，以促进企业低碳技术创新[189]。徐升权（2010）认为知识产权制度，特别是专利制度，是低碳技术得以发展与应用所不可或缺的重要支持与保障制度。他提出了完善低碳技术专利信息分享机制的建议，将低碳技术领域相关的专利信息及时而充分地向社会公众传播来促进低碳技术的推广[190]。徐建中等（2014）基于技术采纳理论，利用博弈论方法和仿真模型指出政府的政策是影响制造业企业低碳技术采纳的重要因素，并指出了低碳技术对提高企业的能源效率有积极的影响[191]。汪旭晖等（2015）利用技术接受模型和假设检验，分别从感知有用性和感知易用性方面阐述了影响冷链相关企业物联网采纳的因素[192]。

5.1.1　农产品冷链物流低碳技术

低碳技术是以实现低温室气体排放，减轻环境污染，实现节能减排为目标的技术，它不仅仅代表一种技术含义，还包括具体的实施手段和方法，也包括实施工具和相关知识等诸多方面。低碳技术满足当今经济发展需求和社会的发展需求。农产品冷链物流低碳技术是指在农产品冷链物流环节中应用低碳技术，尽量减少碳排放量，提高物流作业效率，降低物流成本，实现企业和环境可持续发展的目标。

农产品冷链物流作为一个生产流通的过程，中间涉及多个环节和学科领域技术，包括冷链物流技术、冷冻冷藏技术、各种相关的电子信息技术。冷链物流利用冷冻冷藏技术和电子控制技术进行生产、加工、物流配送和车辆调度等，保证流通的完整性。冷冻冷藏技术是农产品冷链物流的技术保障，农产品冷链物流的所有环节都离不开制冷技术。冷加工包括果蔬类、水产品类、奶制品等在低温环境下的加工，涉及冷却冷冻装置及速冻装置；储藏环节包括冷藏和冷冻两个方面，主要是通过冷库储藏，通过对温度和湿度进行严格的控制来保持低温、适宜的环境，减少农产品的损耗，确保产品的质量；运输主要运用冷藏车，包括铁路冷藏车、冷藏汽车、冷藏箱等，选择合适的运输工具可以有效地减少装卸时间；销售包括批发站，超市和自动售货机等，主要采用中小型冷库、冷藏柜及自动售货机这些制冷设备为易腐食品提供适宜的环境。电子信息技术也被广泛地应用于农产品冷链物流行业。冷链物流产品具有特殊性，对时间、温度、湿度都有严格的要求，以保证产品的质量和商品价值。电子信息技术可以整合冷链物流的各个环节，实现对温度湿度的统一控制，方便管理。常见的物流电子信息技术有 GIS、RFID 等，这些技术不仅可以协同规划运输网络，还能有效监控农产品的温度、湿度变化。在农产品冷链物流企业生产过程中，充分应用低碳环保技术，以较低的能耗实现农产品从加工运输到销售，从节能减排的角度出发，农产品冷链物流实现包括低碳流通加工、低碳包装、低碳仓储、低碳装卸搬运及低碳配送运输，如图 5.1 所示。

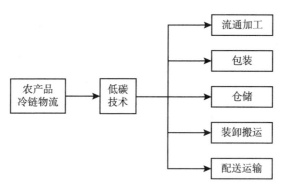

图 5.1　农产品冷链物流低碳技术应用

1. 低碳流通加工技术

流通加工是冷链物流系统的重要构成之一，是为了方便运输或满足客户需求将农产品进行分类贴标签。在低碳流通加工中，一方面，要对工艺流程进行合理优化，选择节能型加工设备实现低碳化的过程；另一方面，要采用专业化加工方式，对流通加工环节进行规模化作业，净化过程中产生的废气、废水、废渣，充分回收加工过程中产生的角料，实现循环利用，减少环境污染，提高能源使用效率。

2. 低碳包装技术

低碳包装要求采用无毒、可降解、易拆卸折叠和可再利用的包装材料，尽量减少包装或进行简包装以降低包装成本，减少废弃物的产生，进而减少对环境的污染。低碳包装技术应实现减少废弃物和节约资源的目标，推行可降解材料和包装回收再利用技术，主要的包装技术有：真空、压缩、防潮、集合、无菌等。

3. 低碳仓储技术

仓储系统是冷链物流的核心系统之一，碳排放量较大。合理的仓储布局和设计能节约成本，减少对环境的污染，节约能源，减少消耗。其中一个典型的例子就是盖世理的可持续发展，其为许多物流企业提供了绿色环保的配送设施和工业设施，它为法国宝洁项目减少了超过一半的二氧化碳排放量。在中国，沃尔玛天津配送中心的仓库采用阳光照明，天然气供暖，风力或太阳能发电以满足仓库的通风和用电需求；仓库内实现循环用水，废水净化，减少水资源浪费；低碳仓储要求合理的仓储布局和适当的仓储模式，减少货物的入库过程中过期变质和损坏，合理控制库存量和结构，采用先进的管理方法来减少库存。

4. 低碳装卸搬运技术

装卸搬运存在于冷链物流系统的各个环节，需要消耗较多的劳动力，对物流活动影响很大。在规划装卸搬运方式时，应尽量采用现代作业方式，运用合理的装卸搬运方式，可以有效地减轻货物损坏的程度，提高农产品冷链物流的作业水平。具体表现为利用先进的机械集装技术、自动传输技术，减少人力作业，提高装卸效率，降低搬运过程中的碳排放量。

5. 低碳配送运输技术

在选择农产品运输方式时，要充分考虑到货物的特点、运输距离、时间要求等问题，根据实际情况选择合理的运输工具。运输工具的燃料也应以清洁低碳燃料为主，尽量减少运输过程中的能源消耗和碳排放。要实现低碳运输需使用清洁能源燃料以提高能源效率，如使用太阳能、提升发动机燃烧效率技术与电动载运工具技术等。运输路线方面，合理规划最佳运输路线，选择较短距离的路线，减少运输时间，避免运输过程中的农产品损耗及浪费。

5.1.2 技术采纳的一般原理

1. TAM 模型

戴维斯（Davis，1997）以社会心理学理论为基础，分析了个人感受因素与技术采用之间的相关关系，首先提出了技术接受模型（Technology Acceptance Model，TAM），如图5.2所示，分别以感知易用性和感知有用性两个变量解释用户对某项技术的态度和行为。感知有用性是指用户认为使用一种特定的技术后，对提高他的工作表现有何影响。感知易用性是指用户是否认为技术简单易学，方便使用。不少学者为完善技术接受模型，引入了外部变量加以解释，外部变量会间接或直接影响用户的行为意图。TAM 模型中的感知有用性和感知易用性都是用户的直观感受，模型中没有包含控制因素，只适合用于用户能力限定，资源有限情况下的用户采纳因素分析[193]。

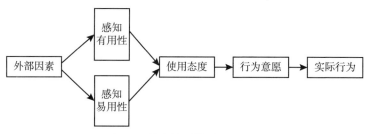

图 5.2　技术接受模型（TAM）

2. 创新扩散模型

罗杰斯提出技术创新扩散模型理论（图 5.3），确定了创新技术扩散的影响因素，主要理论是一部分人比另一部分人更加愿意接受技术创新，指出影响创新扩散包括四个关键因素：创新主体、传播道路、时间和社会因素。影响技术创新扩散的因素包括用户自身、社会影响和技术特点。这一理论表明，技术创新在社会推行的过程当中，大众传播和人际传播是很重要的因素，这两个因素不仅可以有效地提供有关知识和消息，还能劝服人们接受和采用技术创新。其中人际传播具有更为直接、有用的效果。技术创新传播随着时间的推移呈现出"钟形曲线"的状态。在早期传播进展速度非常缓慢；中期传播进展突然加速曲线迅速上升；晚期传播接近饱和点，进展迟缓，整个过程类似于曲线的形状[194]。

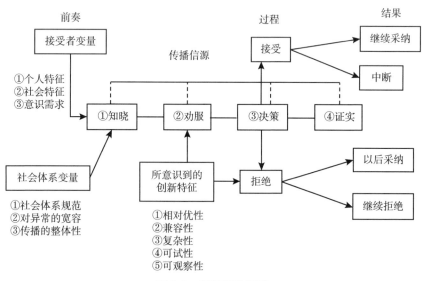

图 5.3　创新扩散模型

3. UTAUT 模型

文卡塔什（Venkatesh，2008）提出了"技术采纳与利用整合理论"（Unified Theory of Acceptance and Use of Technology，UTAUT）。UTAUT 中包括绩效期望、努力期望、社会影响和促成因素这几个重要因素，如图5.4所示。绩效期望是指用户感觉使用技术之后对工作带来的有利程度；努力期望是指使用技术需要付出多少努力；社会影响是指对周围群体的影响，主要包括三个方面：主观规范、社会因素和公众形象；促成因素则指组织对用户的支持。模型中还分别列出了性别、年龄、经验、自愿性四个自变量及这四个变量对四个核心维度的影响[195]。

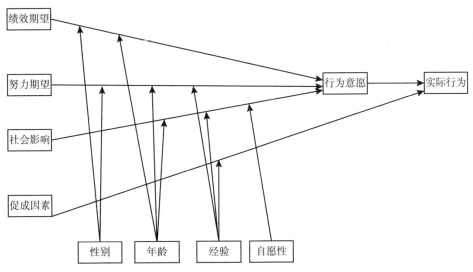

图5.4 技术采纳与应用整合理论（UTAUT）

4. TOE 模型

托马茨基和弗莱舍（Tomatzky & Fleischer，1990）提出的技术—组织—环境（Technology – Organization – Environment，TOE）模型认为（图5.5），技术自身特点（T）、组织（O）和环境情况（E）是影响用户采纳技术的重要因素。该模型比较系统地分析了内外因素和技术本身特征对组织采纳技术的影响。TOE 模型具有严谨的科学性，被广泛应用于各个研究领域。在 TOE 模型研究过程中，不少学者结合自己研究的问题，提出新的观点和建议，完善了模型，使模型更加联系实际[196]。

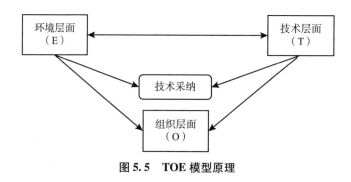

图 5.5　TOE 模型原理

5.1.3　基于 TOE 模型的农产品冷链物流低碳技术采纳影响因素分析

在 5.1.2 节的模型分析中，TAM 模型和 UTAUT 模型没有涉及技术本身特征，创新扩散模型更多的是强调传播渠道和实践的影响，但是影响冷链物流企业采纳低碳技术的因素有诸多方面，既有技术本身特征、企业方面以及外部环境的影响，又有企业员工的特征因素和心理认知的影响。因此在分析冷链物流企业低碳技术采纳影响因素时，本书运用 TOE 模型并结合其他相关理论进行综合分析。技术本身的特点指投资成本、兼容性、易用性、预期回馈周期等；组织因素指冷链物流企业的组织结构、组织规模及发展模式等；环境因素包括同类企业的竞争压力、政府的政策影响。农产品冷链物流低碳技术采纳的因素分为组织因素和个体因素。其中，组织层因素影响组织的采纳决策行为。个体层因素影响具体表现为个体对低碳技术系统的认可与接受行为。行为经济学理论认为，更科学的人类行为研究应该把人类的精神心理和社会因素融入其中，这样能有效地分析在不确定性条件下的人类判断和决策行为。因此，在分析影响冷链物流企业低碳技术采纳的因素时也应将价值观念、风险偏好这些心理认知因素归入其中。

1. 调查设计

在文献研究的基础之上（表 5.1），根据参考文献结合实际情况，对原始变量进行定义，设计了调查问卷进行网上调查，对所得的回馈数据进行分析。共回收 100 份问卷，完成问卷 90 份，有效率为 90%。

表 5.1 技术采纳相关研究

作者	影响因素分析	研究领域
林（Lin，2009）[197]	对创新的支持、人力资源质量、政府支持等	物流业
乔纳森·惠塔克（Jonathan Whitake，2007）[198]	组织财力、基础设施、领导支持、标准不确定性、企业间竞争压力、行业压力、强势伙伴的压力等	汽车行业
颜波，向伟，石平（2013）[199]	技术兼容性、感知效益、企业规模、高层支持、政府支持等	物联网
朱立志，赵鱼（2012）[200]	性别、年龄、受教育年限、环保意识、家庭收入、外来资金支持、补贴等	沼气建设
张领先，张标，范双喜，等（2015）[201]	农户特征、文化素质、传统观念、技术属性、模仿效应、政府补贴、研究投入等	农业
郭跃华，苏翔（2005）[202]	技术相近性、企业规模、企业战略、成本估算等	企业创新

2. 数据检验

使用 SPSS 软件对实验数据的原始变量进行分析，以确定是否适合进行因子分析。因子分析的目的是将原始变量进行降维处理，如果原始变量相关性较差，则表示每一个变量的作用都是不可取代的，也就不能进行降维处理。这里用 KMO 检验和 Bartlett 检查变量之间的相关性。

变量之间的相关性与 KMO 统计值有关，因子分析的效果与取决于 KMO 统计值，KMO 检验的统计数值为 0 ~ 1，因子分析的效果取决于统计值的大小。统计值越大，越适合因子分析。一般要求 KMO 统计值为 0.7 以上。在表 5.2 中，Bartlett 球度检验统计值 635.166，检验 P 值接近 0，表明变量之间相关性较强，KMO 统计值为 0.768，适合因子分析。

表 5.2 KMO 检验及 Bartlett 检验

取样适切性量数（Kaiser – Meyer – Olkin Measure of Sampling Adequacy）		0.768
巴特利特球形度检验（Bartlett's Test of Sphericity）	近似卡方（Approx. Chi – Square）	635.166
	自由度（df）	435
	显著性（Sig.）	0.000

表 5.3 指出各变量的共同度量均为 0.5 以上，提取出的公因子对原始变量

的解释能力较强。

表 5.3　　　　　　　　　　变量共同度量

变量共同度	原始变量	变量的共同度量
性别	1.000	0.605
年龄	1.000	0.554
学历	1.000	0.986
提高冷链物流运作效率	1.000	0.933
降低能源消耗	1.000	0.968
与原有技术的兼容性	1.000	0.682
技术实施经验	1.000	0.942
减少了人力成本	1.000	0.918
技术易用性程度	1.000	0.949
增加了技术研发费用	1.000	0.891
增加了硬件设施成本	1.000	0.855
增加了技术运行推广成本	1.000	0.978
技术投资周期	1.000	0.895
技术采纳的预期收益	1.000	0.968
企业规模及竞争力	1.000	0.963
经费补贴	1.000	0.832
企业资金多少	1.000	0.842
企业鼓励员工使用新技术	1.000	0.969
员工之间合作	1.000	0.889
同行对低碳技术的态度	1.000	0.986
企业文化	1.000	0.974
社会责任感	1.000	0.953
愿意承担风险	1.000	0.969
企业技术研发能力	1.000	0.975
行业中采用低碳技术企业所占的比例	1.000	0.824
农产品质量要求	1.000	0.925
消费者需求变化速度快	1.000	0.724

续表

变量共同度	原始变量	变量的共同度量
市场需求多样化	1.000	0.876
法律法规支持	1.000	0.971
专利知识产权	1.000	0.956

注：提取方法为主成分分析法。

表 5.4 给出了因子方差贡献表，表中指出提取的 9 个因子解释了原始变量方差的 89.177%，表明因子效果比较理想。

表 5.4　　　　　　　　各因子所解释的原始变量的方差

因子	初始特征根			平方载荷的提取和			旋转平方载荷之和		
	特征值	方差贡献率/（%）	累计方差贡献率/（%）	特征值	方差贡献率/（%）	累计方差贡献率/（%）	特征值	方差贡献率/（%）	累计方差贡献率/（%）
1	6.808	22.695	22.695	6.808	22.695	22.695	4.984	16.614	16.614
2	5.094	16.980	39.675	5.094	16.980	39.675	4.970	16.566	33.180
3	4.454	14.846	54.520	4.454	14.846	54.520	4.093	13.643	46.823
4	3.517	11.724	66.244	3.517	11.724	66.244	3.533	11.776	58.599
5	2.857	9.524	75.769	2.857	9.524	75.769	3.455	11.515	70.114
6	1.447	4.822	80.591	1.447	4.822	80.591	2.520	8.401	78.515
7	0.974	3.247	83.838	0.974	3.247	83.838	1.176	3.919	82.434
8	0.850	2.832	86.670	0.850	2.832	86.670	1.065	3.551	85.985
9	0.752	2.507	89.177	0.752	2.507	89.177	0.958	3.192	89.177
10	0.669	2.230	91.407						
11	0.601	2.004	93.411						
12	0.527	1.755	95.166						
13	0.348	1.160	96.326						
14	0.229	0.764	97.090						
15	0.189	0.631	97.721						
16	0.171	0.571	98.293						

续表

因子	初始特征根			平方载荷的提取和			旋转平方载荷之和		
	特征值	方差贡献率/(%)	累计方差贡献率/(%)	特征值	方差贡献率/(%)	累计方差贡献率/(%)	特征值	方差贡献率/(%)	累计方差贡献率/(%)
17	0.110	0.368	98.660						
18	0.101	0.336	98.996						
19	0.088	0.293	99.290						
20	0.070	0.233	99.523						
21	0.063	0.210	99.733						
22	0.021	0.070	99.803						
23	0.017	0.058	99.861						
24	0.014	0.045	99.906						
25	0.010	0.034	99.940						
26	0.010	0.033	99.974						
27	0.004	0.014	99.987						
28	0.004	0.012	100.000						
29	$6.576E-5$	0.000	100.000						
30	$8.92E-17$	$2.975E-16$	100.000						

注：提取方法为主成分分析法。

3. 因子命名和解释

用主成分分析方法提取因子进行分析。一个因子往往包含了多个原始变量的信息，但是因子分析的含义是模糊的，因此要对因子进行重新命名，以便对研究的问题作出合理的解释。因子命名通常是通过因子载荷矩阵进行分析，如果因子载荷 a_{ij} 的绝对值在第 j 列的多行都有较大的取值，则表明因子 f_j 能共同解释变量的信息，而对每个原始变量 x_i 只能解释其中的少量信息，这意味着因子 f_j 不能有效地代表任何一个原始变量，这时需要作因子旋转，得到更加合理的解释，以便对因子进行命名和解释。这里采用方差最大正交旋转（Varimax）调整数据。

表 5.5 是因子载荷矩阵表，在原有的 30 个变量的基础上提取出来的 9 个公因子进行公因子命名和解释。通常，对于多维指标，结果归属与同一个维度

中的有效指标项的载荷值要高于0.5，不满足则予以删除。

表5.5 旋转后的因子载荷矩阵表

变量	因子								
	1	2	3	4	5	6	7	8	9
性别	−0.010	0.042	−0.023	0.456	−0.030	0.773	0.010	−0.013	0.001
年龄	−0.002	0.086	−0.066	0.461	−0.113	0.601	0.017	0.161	−0.167
学历	0.065	0.085	−0.071	0.003	0.041	0.825	0.026	0.006	0.066
提高冷链物流运作效率	0.823	−0.056	0.087	0.149	0.208	0.404	−0.029	−0.077	0.012
降低能源消耗	0.724	0.014	−0.022	0.383	0.014	0.005	0.000	−0.003	−0.012
与原有技术的兼容性	0.987	0.031	−0.011	0.313	0.014	0.042	0.032	−0.047	0.005
技术实施经验	−0.073	−0.046	0.029	−0.030	0.946	0.188	−0.059	0.010	0.008
减少了人力成本	−0.054	0.006	0.821	0.456	0.011	−0.005	−0.017	0.010	−0.001
技术易用性程度	0.532	0.453	0.046	0.077	−0.061	−0.024	0.069	0.073	0.032
增加了技术研发费用	0.154	0.717	0.420	−0.012	0.091	−0.039	0.103	0.020	0.405
增加了硬件设施成本	−0.148	0.624	0.074	0.017	0.015	−0.184	−0.045	0.464	0.173
增加了技术运行推广成本	0.130	0.526	0.478	−0.017	0.012	0.044	0.026	0.038	0.000
技术投资周期	0.157	0.229	0.703	−0.081	0.133	0.045	0.081	0.157	0.472
技术采纳的预期收益	0.112	0.366	0.645	0.078	−0.069	−0.024	0.049	0.073	0.025
企业规模及竞争力	0.083	−0.071	0.094	0.766	0.228	0.423	−0.022	−0.100	0.021
经费补贴	0.358	0.294	0.173	−0.059	0.057	0.018	0.343	0.120	0.645
企业资金多少	−0.905	−0.066	0.015	0.828	−0.014	−0.002	0.075	0.054	−0.097
企业鼓励员工使用新技术	−0.051	0.010	−0.007	−0.026	0.966	0.130	−0.090	0.023	0.077
员工之间合作	0.093	−0.048	0.422	−0.072	0.840	0.125	−0.062	−0.038	0.021
同行对低碳技术的态度	0.065	0.385	−0.071	0.003	0.041	−0.025	0.826	0.006	0.066

变量	因子								
	1	2	3	4	5	6	7	8	9
企业文化	0.284	0.023	0.451	−0.044	0.630	0.115	0.228	0.003	0.015
社会责任感	−0.018	−0.027	0.123	0.098	0.439	0.703	0.044	−0.117	0.091
愿意承担风险	0.059	0.477	−0.068	0.009	0.732	−0.023	0.041	0.019	0.058
企业技术研发能力	0.296	0.025	0.450	0.744	−0.129	0.114	0.226	0.003	0.014
行业中采用低碳技术企业所占的比例	0.238	0.153	0.061	0.051	−0.267	−0.054	0.782	−0.132	0.185
农产品质量要求	−0.948	−0.088	0.000	0.063	0.069	−0.052	−0.045	0.959	−0.052
消费者需求变化速度快	0.444	0.091	0.090	0.003	0.054	0.042	0.429	0.810	−0.242
市场需求多样化	−0.921	−0.074	−0.047	0.065	0.015	−0.059	0.029	0.796	−0.046
法律法规支持	−0.028	0.042	−0.017	−0.027	0.475	0.110	−0.052	0.021	0.525
专利知识产权	0.112	−0.061	0.363	−0.011	0.002	0.066	0.028	0.078	0.730

注：提取方法为主成分分析法。

表5.5可以看出，正交旋转后因子分析提取了9个主因子。

因子1：与"提高冷链物流运作效率""降低能源消耗""与原有技术的兼容性""技术易用性程度"的载荷系数较大，主要解释了这几个变量，从实际意义看，这几个变量反映了低碳技术区别于其他技术的特征，将因子1命名为"技术优势"。

因子2：与"增加了技术研发费用""增加了硬设施件成本""增加了技术运行推广成本"的载荷系数较大，将因子2命名为"技术成本"。

因子3：与"技术采纳的预期收益""技术投资周期""减少了人力成本"的载荷系数较大，将因子3命名为"投资回报"。

因子4：与"企业资金多少""技术研发能力""企业规模及竞争力"的载荷系数较大，将因子4命名为"企业能力"。

因子5：与"技术实施经验""企业文化""员工之间合作""企业鼓励员工使用新技术""愿意承担风险"的载荷系数较大，将因子5命名为"企业管理"。

因子6：与"学历""社会责任感""年龄""性别"的载荷系数较大，将因子6命名为"企业管理者"。

因子7：与"同行对低碳技术的态度""行业中采用低碳技术企业所占的比例"的载荷系数较大，将因子7命名为"外部竞争"。

因子8：与"消费者需求变化速度快""农产品质量要求""市场需求多样化"的载荷系数较大，将因子8命名为"市场影响"。

因子9：与"法律法规支持""专利知识产权""经费补贴"的载荷系数较大，将因子9命名为"政府政策"。

从表5.5出发，对从30个变量的基础上提取出来9个公因子进行公因子命名和解释，汇总为表5.6。

表5.6　　　　　　　　　冷链物流企业低碳技术采纳影响因素

TOE 模型	因子名称	原始变量
技术因素 Technology	因子1 技术优势	提高冷链物流运作效率
		降低能源消耗
		与原有技术的兼容性
		技术易用性程度
	因子2 技术成本	增加了技术研发费用
		增加了硬件设施件成本
		增加了技术运行推广成本
	因子3 投资回报	技术采纳的预期收益
		技术投资周期
		减少了人力成本
组织因素 Organization	因子4 企业能力	企业资金多少
		技术研发能力
		企业规模及竞争力
	因子5 企业管理	技术实施经验
		企业文化
		员工之间合作
		企业鼓励员工使用新技术
		愿意承担风险
	因子6 企业管理者	学历
		社会责任感

续表

TOE 模型	因子名称	原始变量
组织因素 Organization	因子6 企业管理者	年龄
		性别
环境因素 Environmet	因子7 外部竞争	同行对低碳技术的态度
		行业中采用低碳技术企业所占的比例
	因子8 市场影响	消费者需求变化速度快
		农产品质量要求
		市场需求多样化
	因子9 政府政策	法律法规支持
		专利知识产权
		经费补贴

4. 结果分析

根据因子分析结果，提取出的 9 个因子可以集中解释原来的 30 个变量指标集，表明可以用这 9 个因子解释影响农产品冷链物流碳减排技术的采纳行为，将这 9 个因子归纳入 TOE 模型当中。下面以 TOE 框架模型为基础，从技术、组织和环境三个方面对其进行研究探讨。

（1）技术层面。

①技术的相对优势：技术的相对优势是技术采纳者在考虑是否采纳某种新技术的首要因素，这种技术优于其他技术方面的感知会直接影响采纳者的态度。低碳技术是一种新型的事物，具有其自身的独特优势，能源消耗量低，二氧化碳排放量少，具备创新性、前沿性和风险性。农产品冷链物流企业采纳低碳技术可以改变以化石能源消耗为主的高碳排放发展模式，提高冷链物流企业的运作效率，实现自身低能耗、低排放、低污染发展。如在冷冻加工、储藏、运输、销售的冷链物流环节中，要保证农产品的质量，必须将温度控制在低温适宜的状态，才能减少农产品的损耗，提高保鲜效果。不同类型的农产品所需温度、湿度及储藏期不一致，仓储运输需要实时监控。入库和装卸也需要利用信息化技术，如用条码技术、RFID 技术进行管理；运输采用冷库制冷，运输车采用能源车，利用太阳能、电能改变传统燃油的结构，并利用安装 GPS 等技术搭建信息平台，完善物流信息网络，即时沟通货源信息和车辆信息，实现

车货统一合理配置、高度整合，保证库存出单率的正确性，减少空载。技术兼容性是企业认为低碳技术与公司的业务流程、信息技术的兼容性及匹配性。采纳低碳技术不是简单地替换当前技术，而是把低碳技术与企业原有技术进行整合创造价值的。技术易用性是指低碳技术是否简单易用，企业工作人员的学习和适应时间长短。因此，技术兼容性与易用性一直被视为企业是否采纳低碳技术的关键影响因素。可以说低碳技术的相对优势越大，越适合企业，冷链物流企业对其采纳的可能性越大。

②技术成本：采纳新型技术时的投入成本也会影响采纳者的态度。采纳技术所需的投入具有不确定性，技术措施可能会影响企业现有利益，造成收入减少，所以冷链物流企业不愿采纳低碳技术。现实的客观情况是，低碳技术在我国的发展时间不长，基础比较薄弱，在低碳技术的应用方面，还不能与欧美发达国家相比。低碳技术实现的难度大，研发成本很高，许多冷链物流企业还没有能力将低碳技术应用于日常的生产活动中。大型的冷链物流企业可以自主研发技术，但是我国许多冷链物流企业没有能力，自主创新能力不足，就需要高成本购买制冷设备或制冰系统辅助设备；国内的冷藏车不符合标准，但是进口冷藏车成本为十几万元，甚至更换零部件达上万元，而且对维修专业性要求极强。一辆具有冷链设备的货车价格是普通车辆的3倍多，通常价格高达几十万元甚至上百万元，冷链配送的成本远高于常温配送，而且冷藏车安装跟踪仪器进行实时监控，发动机需要定期检修；冷库建设及后期的运营成本达上千万，投入巨大。因此在成本上，冷链物流技术成本远高于其他行业，这为采用以新能源技术为主的低碳技术的冷链物流企业带来了较大的成本压力，包括研发成本、购买设备成本和技术推广成本。我国是人口大国，劳动力成本相较于技术成本更低、更具有优势，又因受这些低碳技术例如合成气燃机技术等的高复杂性和高引进成本的限制，当前我国的冷链物流多是倚重人工作业，自动化作业水平比较低，低碳技术可以提高自动化水平，减少人力成本。

③投资回报：任何一项技术或是服务都要能为人们提供有利的价值才能被接受。冷链物流企业在低碳技术的利益效果不明显的情况之下，为避免利益损失，通常不愿意主动将低碳技术应用于企业活动当中。采纳低碳技术后是否取得更大的利润存在不确定性，即便有所回报，但是回馈周期时间过长，而多数冷链物流企业更多注重眼前利益，不敢冒险投入未知的领域和分担风险。或者已经有过低碳技术采纳的冷链物流企业在将低碳技术应用于物流运营中后，没

有收到预期的回报，而不愿意继续投入。即技术采纳成本的确定性和技术效益的不确定性加大了技术采纳的风险，有可能会给冷链物流企业带来损失。

（2）组织层面。

①企业能力：企业发展规模越大，资金力量越雄厚，对技术的需求越强，越有可能采纳新技术。技术的开发研究和采纳应用都需要企业有充足的资金保障作为强有力的支持。资金短缺是冷链物流企业采纳新技术的一大障碍，目前我国冷链物流企业多数是中小型的民营企业，以自营物流为主，在没有固定资产抵押、缺乏银行贷款的情况下很难获得其他资金渠道，企业的有限产品创新很难转化为经济效益，这就限制了企业的长期发展。目前我国冷链物流企业规模小，竞争力不强，研发能力弱，种种障碍限制了企业低碳技术应用。

②企业管理：在整个技术采纳的过程中，心理理论指出人们采纳某种新技术必然有意或无意地经过一定的心理过程。一般认为，该过程被划分为四个阶段：意识阶段、评价阶段、试验阶段、采纳阶段。技术采纳者先是了解新技术，再根据现实情况决定是否接受新技术，对新技术进行试验并与现有技术比较之后才会决定是否完全采纳新技术。冷链物流企业在试验阶段的实施经验具有很大影响，试验结果表明低碳技术对企业发展结构具有积极作用，企业才会继续采纳。企业文化对企业发展各方面具有影响，同时，可以通过共同的价值观和科学的制度来激励和约束员工，从而提高企业的凝聚力；成功的物流企业，他们都具备自己独特的优秀的企业文化管理体系。冷链物流行业是一个复合型服务业兼劳动密集型产业，很多操作人员进入企业门槛比较低，而一些只顾眼前利益的企业也宁愿不断地换人，也不愿意花成本进行员工的技术培训，使得物流服务质量低下。因此，物流企业在实施文化战略时，应以培养员工的创新能力为基础。

③企业管理者：企业引进一项新技术既需要企业层领导的支持，又需要企业具体实施成员的配合。企业人员明白低碳技术对社会经济和资源环境具有非常重要的意义，但是出于考虑到利己因素，在面临自身经济效益可能损失的情况下，不愿意采纳低碳技术。农产品冷链物流行业欠缺管理能力，体系不健全，管理人才队伍非常稀缺，职员业务素质不高，大多缺少现代管理知识。冷链物流企业员工社会责任感越强，越期望通过技术改革调整企业生产发展结构，减少能源消耗，提高生产效率，实现企业转型，进而对行业形成积极的带动作用，促进社会经济发展。管理者低碳技术的认识越深，越明白低碳技术对

企业发展的作用，越有意愿采纳低碳技术。员工的知识水平也是低碳技术采纳的重要影响因素。企业内部人员的受教育程度越高，人才质量越好，更容易理解接受知识，对新技术的认知越深，运用也会更加适当。冷链物流企业内部员工的知识结构和教育背景对企业低碳技术的采纳具有积极的影响作用。研究表明，男性比女性更具备冒险精神，更愿意接受新技术，年轻的管理者比年长者更容易接受新思想、新技术、新方法，更具备冒险精神，在其他人还在观望时就敢于尝试，从外部引入低碳技术；而缺乏冒险精神的管理者通常较为谨慎，对未知风险比较恐惧，对新技术往往因为怀疑而不敢尝试。

（3）环境层面。

①外部竞争：同类企业之间的竞争关系对技术采纳也有一定的影响。新古典经济学理论的支持者认为，所有经济决策都应该是理性的，并且受控于理性、兼并和竞争。羊群理论也指出，当领头羊因为环境条件的约束采取某种动作时，羊群中的其他羊就会模仿这种动作，即便环境条件的约束发生了很大的变化，这种模仿也不会停止。冷链物流企业之间存在强烈的竞争关系，在市场调节作用下，有些企业获得经济效益，而有些企业处于竞争的弱势地位，要扭转这种状态就需要改变，低碳技术是最好的选择。显然，竞争对手对低碳技术的态度会影响企业的决策，这是一种群体对个体影响的表现。通过观察社会其他群体的态度来证实自己的判断，当某一冷链物流企业通过采纳低碳技术而实现自身更快地发展，取得更好的经济效益时，其他企业为避免被淘汰也会跟从。

②市场影响：农产品是日常生活必需品，尤其是粮食、蔬菜等更是每天食用。随着人们生活水平的提高，消费能力增加，消费者对农产品的需求日益多样化；而且消费者的需求具有季节性和阶段性，需求结构随时间变化速度较快。不仅如此，消费者对农产品的需求已经开始由数量要求转变为质量要求，偏好绿色无公害的农产品，品牌观念也不断增强。在购买产品时对产品的外观、口味功能需求明显。据此，农产品冷链物流企业在运作过程中要确保农产品的质量安全，避免产生断链问题，减少农产品的损耗。

③政府政策：政府引导的内在机理在于依据影响冷链物流企业采纳低碳技术的因素进行有效的管理。政府对冷链物流提供有效的政策支持包括政策贷款和补贴措施等，有关部门制定完善的法律法规和专利保护制度等，包括给愿意采纳低碳技术却面临资金困难的物流企业政策贷款，或是对一些低碳项目进行补贴，如企业引进设备的补贴等，有助于促使冷链物流企业采纳低碳技术。通过碳税的

合理设计和征收，迫使高碳企业采纳低碳技术改变现有发展模式。

5.1.4　研究建议

本章通过调查分析，将30个原始变量归纳为9个主要因子，得出农产品冷链物流企业技术采纳的影响因素有：技术优势、技术成本、投资回报、企业能力、企业管理、企业管理者、外部竞争、市场影响和政府支持。因此，本书从政府和冷链物流行业两个层面提出相应的对策和建议。

1. 政府层面

政府的干预和引导具有重要作用，低碳技术可以为企业经济利益和环境保护带来收益，其社会意义高于企业方面，并且冷链物流行业的发展需要一个良好的社会环境和经济环境，所以政府应该采取措施加强政府干预。

（1）政府应对采纳先进技术的物流企业实施一些优惠政策，对积极采纳低碳技术的冷链物流企业进行补贴，对购买新设备的补贴和研究低碳项目的补贴；这就间接减少了企业采纳低碳技术的成本投入，提高企业采用低碳技术的积极性。

（2）完善国内有关低碳技术的法律法规。法律法规是技术研发应用的基础保障，加强法律监管，确定碳排放标准，对高污染、高消耗、低产能的物流企业适当取缔。

（3）加强低碳技术领域的交流与合作，充分利用国外先进技术经验。借鉴国外先进的管理模式和经验，引进国外技术。通过对国外技术的研究，争取实现自主创新。目前我国低碳技术与其他国家差距很大，竞争力弱。如在冷冻冷藏方面，因此打破技术壁垒，减少低碳技术引进的困难和障碍，是我国政府可以促使冷链物流行业健康稳定向前发展所采取的措施。

（4）建立低碳技术基金补贴措施，激励低碳技术创新，充分发挥其优势作用。在国内目前的专利制度申请时间过长，审核效率低，低碳技术专利持有人更多考虑自身经济利益，这些严重影响了低碳技术的分享和应用。

（5）合理调整碳税。碳税的征收要因企业而异，因时而异，因地而异。对于积极采纳低碳技术的冷链物流企业可以在碳税的征收上适当减少以鼓励其积极性，而仍然采取高碳发展模式的物流企业，碳税比例可以在合理的范围内提高一些；碳税的征收也可以根据冷链物流企业采纳时间的长短有所区别；我国的东西部地区经济基础不同，发展水平存在较大的差距。东部地区的经济水平比西部地区高，经济基础更好，西部地区自然条件较差，对此，可以根据东西部的差异适当地对西部给予更多的支持和优惠。

2. 农产品冷链物流行业层面

（1）低碳技术人才培养。我国的冷链物流专业人才极为短缺，鼓励高校开设相关的课程，培养专业人才；激励企业对现有的研发人员，培养管理人员，进行培训，提高人才素养，推动冷链物流技术应用。建设低碳人才队伍，争取自主研发低碳技术，避免受制于人。要实现我国经济低碳发展必须依赖于技术的独立创新，农产品冷链物流行业应致力于低碳技术创新。

（2）积极宣传低碳技术，培养冷链物流员工的环保意识，鼓励消费者购买低碳产品，实现低碳消费。进行低碳教育活动，培养企业员工的环保意识，使其认识到低碳的重要性。冷链物流企业和消费者都是低碳技术应用的受益者，但我国公众对低碳技术的认识较少。若农产品冷链物流企业能肯定低碳技术的经济效益，了解到低碳技术对自身节约能源和成本的有益作用，则更有利于低碳技术的采纳。而消费者充分认识到低碳技术对食品安全的重要性之后，也更加倾向于冷链物流企业采纳低碳技术。所以，加强公众对低碳技术的认知十分重要。

（3）低碳标准建设。近年来，标准化建设在我国发展迅速，在促进技术创新、提升企业竞争力方面起到了重要的作用。研究表明，标准化对我国科技、经济、综合国力都有积极的推动作用。我国许多农产品冷链物流小型企业为降低成本并未实行全程冷链，但是对于正规企业按照国家标准去执行，每一个环节都通过冷链完成，当然产品价格就会相对较高，竞争优势较差。因此，必须不断加强农产品冷链物流行业的技术标准和执行力度。

5.2 考虑碳排放的企业与消费者低碳行为演化分析

为响应国家节能减排和低碳可持续性发展的号召，消费者更加追求低碳产品和高品质的低碳生活，企业也需要采取更加低碳的生产与物流模式。由于产品在生产和物流过程中都存在碳排放量，产品碳排放量的多少（碳标签）将决定消费者的购买需求，因此，在碳减排的约束下，需要构建农产品生产企业、物流企业与消费者三方主体低碳行为的演化博弈模型，来分析三方主体低碳行为之间的相互作用机制。

当前，应用演化博弈理论研究环境治理和低碳行为的文献逐渐丰富起来，主要的文献包括：伯拉里（Barari，2012）等通过协调生产者和零售者寻找一个协同联盟，评判他们的策略并在利益最大化下触发绿色实践，应用演化博弈方法提供最佳的经济效益和解决方案，从而证实了现有的可持续发展指标，并从环境管理角度给供应链系统学提供了一个全面的观点，包括管理的影响和优势，把环境作为经济动机的一个关键要素[203]。徐大伟等（2012）以流域生态补偿为例，将流域上游政府的策略简化为保护或不保护河流，下游政府针对上游的情况，选择"自主型"或"接受型"，运用演化博弈的方法，分析流域生态补偿的特点和结果，并对我国现行流域管理体制和生态补偿提供了政策建议[204]。郭本海等（2012）通过运用演化博弈的基本原理，构建了区域高耗能产业退出机制，着重分析了影响各方博弈主体策略选择的因素，构建了不同策略下参与主体双方的支付函数，并建立相应的复制动态方程，寻求演化稳定策略[205]。田（Tian，2014）等运用系统动力学模型来指导补贴政策促进绿色供应链管理在中国的扩散，通过演化博弈论分析了政府、企业、消费者等利益相关者之间的关系，以中国汽车制造业案例研究的模型模拟了绿色供应链管理的扩散过程，结果表明，制造商的补贴比消费者更能促进绿色供应链管理扩散，以及环境意识是另一种关键的影响因素[206]。张伟等（2014）基于我国现实国情，针对政府不同监管模式，采用演化博弈理论建立企业与政府间博弈的复制动态方程，得到不同情形下企业和政府博弈的进化稳定策略，分析了监管成功率、第三方举报概率等现实参数对策略的影响[207]。王芹鹏等（2014）应用Stackelberg 博弈模型，构建上下游企业采用不同的行为策略的支付矩阵，研究上游企业主导的供应链在面对具有低碳产品偏好的市场消费者时，上下游企业的减排投资行为与策略，指出了减排投资系数和下游企业分担投资成本比例的不同对演化博弈稳定均衡的影响[208]。张宏娟等（2014）基于复杂网络演化博弈理论，从微观异质性主体的预期学习和自适应行为特征出发，综合运用随机博弈及博弈学习模型、多主体系统建模等方法，构建了传统产业集群低碳演化模型，并进行了产业低碳策略竞争、涌现和不同演化情景的仿真分析[209]。肖（Xiao，2015）等在深入研究虚拟机（Virtual Machines，VMs）放置的基础上，通过建立一个能源消耗的计算模型和一种新的演化博弈论的算法，成功地解决了动态 VMs 位置面临的挑战，提出并描述了 VMs 朝向能耗优化问题的解决方案[210]。郑君君等（2015）运用演化博弈理论，考虑信息交互并引入舆情引导，通过对环境污染群体性事件进行研究，以探寻环境污染群体性事件产生的原因并解决环境污染群体性事件引发的问题[211]。张国兴等（2015）根据我国汽车消费市场消费者对不同排量汽车购买行为及政府消费政策之间的博弈情况，构建消费者和政府的演化博弈模型，分析混合均匀情形下的消费者群体考虑单一汽车品牌情况下选取不同排量汽车行为的演化问题，为政府科学合理引导汽车消费者节能购车行为提供理论借鉴[212]。赵（Zhao，2016）等提出了一种将系统动力学应用于模拟创建的演化博弈模型，通过对中国空调企业的个案研究，探讨企业的可能反应，制定激励政策来促进碳减排标签计划的实施[213]。

从现有文献可以看出，三方主体演化博弈方面的研究还比较少，而且多是从政府、企业和消费者这三方主体低碳行为展开分析，而对于在碳排放约束条件下上下游企业和消费者的演化博弈方面的研究还很少见，基于此，本书应用演化博弈理论和数值仿真分析方法，研究生产企业、物流企业和消费者这三方主体的低碳行为及其相互之间的动态行为农产品演化关系。

5.2.1　模型的假设与构建

1. 演化博弈模型的假设

一个农产品从种植、生产、物流到被购买，影响其碳排放量的主要相关者有：农产品生产企业、物流企业和消费者。从生产企业的角度出发，一些企业会从前期成本投入来考虑，可能会采取传统生产的模式，而有些企业无论从环境出发，还是企业自身的长远发展来考虑，都会采取低碳生产的模式。同理，物流企业采取的行为策略集为｛低碳运作，传统运作｝。消费者对于市场上出售的产品，可以凭借个人的生活方式和喜好，购买低碳产品或者购买高碳产品。三个参与主体为了实现利益最大化，都是通过不断学习而调整策略的有限理性人。为了分析各主体的收益，先设定下列各项参数及含义，见表5.7。

表 5.7　　　　　　　　　　　　模型相关参数及含义

参数	含义
a_1	农产品生产企业进行低碳生产的单位产品收益
a_2	农产品生产企业进行传统生产的单位产品收益
b_1	物流企业低碳运作模式下的单位产品收益

参数	含义
b_2	物流企业传统运作模式下的单位产品收益
Q_1	消费者购买超低碳产品的数量（生产和物流均低碳）
Q_2	消费者购买低碳产品的数量
Q_3	消费者购买高碳产品的数量
R_1	低碳生产单位产品给消费者所带来的生态环境收益
R_2	低碳物流单位产品给消费者所带来的生态环境收益
G	高碳单位产品给消费者所带来的生态环境恶化损失

根据上述的模型假设和参数设定，可以得出三方主体的八种策略组合的收益矩阵，见表5.8。

表 5.8　　　　　　　　　　　　　　不同策略组合的收益矩阵

策略组合	生产	物流	消费者
低碳、低碳、购低碳	$a_1 Q_1$	$b_1 Q_1$	$(R_1 + R_2)Q_1$
低碳、低碳、购高碳	$a_1(Q_3 - Q_1)$	$b_1(Q_3 - Q_1)$	$(R_1 + R_2)Q_3$
低碳、传统、购低碳	$a_1 Q_2$	$b_2 Q_2$	$R_1 Q_2$
低碳、传统、购高碳	$a_1(Q_3 - Q_2)$	$b_2(Q_3 - Q_2)$	$R_1 Q_3$
传统、低碳、购低碳	$a_2 Q_2$	$b_1 Q_2$	$R_2 Q_2$
传统、低碳、购高碳	$a_2(Q_3 - Q_2)$	$b_1(Q_3 - Q_2)$	$R_2 Q_3$
传统、传统、购低碳	$a_2 Q_2$	$b_2 Q_2$	$-GQ_2$
传统、传统、购高碳	$a_2 Q_3$	$b_2 Q_3$	$-GQ_3$

注：此收益矩阵是假设当企业实施低碳，而消费者购买高碳产品时，按照其购买高碳产品的数量来计算；当企业实施高碳，而消费者购买低碳产品时，按照其购买低碳产品的数量来计算。

2. 演化博弈模型的建立

假设农产品生产企业选择低碳生产的比例为 X，选择传统生产的比例为 $1-X$；物流企业选择低碳运作模式的比例为 Y，选择传统运作模式的比例为 $1-Y$；消费者选择购买低碳产品的比例为 Z，选择购买高碳产品的比例为 $1-Z$。

（1）生产企业选择"低碳生产"和"传统生产"的期望收益分别为 U_{1Y} 和 U_{1N}，它们的平均期望收益为 $\overline{U}_1$，则有

$$U_{1Y} = yza_1 Q_1 + y(1-z)a_1(Q_3 - Q_1) + (1-y)za_1 Q_2$$

$$+ (1-y)(1-z)a_1(Q_3 - Q_2)$$

$$U_{1N} = yza_2Q_2 + y(1-z)a_2(Q_3 - Q_2) + (1-y)za_2Q_2 + (1-y)(1-z)a_2Q_3$$

$$\overline{U}_1 = xU_{1Y} + (1-x)U_{1N}$$

$$= xyza_1Q_1 + (1-x)yza_2Q_2 + xy(1-z)a_1(Q_3 - Q_1)$$

$$+ (1-x)y(1-z)a_2(Q_3 - Q_2) + x(1-y)za_1Q_2$$

$$+ (1-x)(1-y)za_2Q_2 + x(1-y)(1-z)a_1(Q_3 - Q_2)$$

$$+ (1-x)(1-y)(1-z)a_2Q_3$$

农产品生产企业行为策略的复制动态方程为

$$F(x) = \frac{\mathrm{d}x}{\mathrm{d}t} = x(U_{1Y} - \overline{U}_1)$$

$$= x(1-x)\{y[z(a_1Q_1 - a_2Q_2) + (1-z)a_2Q_3 + (1-z)a_1(Q_3 - Q_1)$$

$$- (1-z)(Q_3 - Q_2)(a_1 + a_2) - zQ_2(a_1 - a_2)] + za_1Q_2 - za_2Q_2$$

$$- (1-z)[a_2Q_3 - a_1(Q_3 - Q_2)]\} \qquad (5-1)$$

（2）物流企业选择"低碳运作"和"传统运作"的期望收益分别为 U_{2Y} 和 U_{2N}，它们的平均期望收益为 $\overline{U}_2$，则有

$$U_{2Y} = xzb_1Q_1 + x(1-z)b_1(Q_3 - Q_1) + (1-x)zb_1Q_2$$

$$+ (1-x)(1-z)b_1(Q_3 - Q_2)$$

$$U_{2N} = xzb_2Q_2 + x(1-z)b_2(Q_3 - Q_2) + (1-x)zb_2Q_2 + (1-x)(1-z)b_2Q_3$$

$$\overline{U}_2 = xU_{2Y} + (1-x)U_{2N}$$

$$= xyzb_1Q_1 + x(1-y)zb_2Q_2 + xy(1-z)b_1(Q_3 - Q_1)$$

$$+ x(1-y)(1-z)b_2(Q_3 - Q_2) + (1-x)yzb_1Q_2$$

$$+ (1-x)(1-y)zb_2Q_2 + (1-x)y(1-z)b_1(Q_3 - Q_2)$$

$$+ (1-y)(1-x)(1-z)b_2Q_3$$

物流企业行为策略的复制动态方程为

$$F(y) = \frac{\mathrm{d}y}{\mathrm{d}t}$$

$$= y(U_{2Y} - \overline{U}_2)$$

$$= y(1-y)\{z[x(b_1Q_1 - b_2Q_2) + (Q_3 - Q_2)(xb_2 + xb_1 - b_1)$$

$$+ (1-x)(b_1 - b_2)Q_2 - xb_1(Q_3 - Q_1) + (1-x)b_2Q_3]$$

$$+ (Q_3 - Q_2)(b_1 - xb_1 - xb_2) - (1-x)b_2Q_3 + zQ_2(b_1 - b_2)$$

$$+ xb_1(Q_3 - Q_1)\} \qquad (5-2)$$

（3）消费者选择"购买低碳产品"和"购买高碳产品"的期望收益分别

为 U_{3Y} 和 U_{3N}，它们的平均期望收益为 $\overline{U}_3$，则有

$$U_{3Y} = xyQ_1(R_1 + R_2) + x(1-y)R_1Q_2 + (1-x)yR_2Q_2 - (1-x)(1-y)GQ_2$$

$$U_{3N} = xyQ_3(R_1 + R_2) + x(1-y)R_1Q_3 + (1-x)yR_2Q_3 - (1-x)(1-y)GQ_3$$

$$\begin{aligned}
\overline{U}_3 &= xU_{3Y} + (1-x)U_{3N} \\
&= xyzQ_1(R_1 + R_2) + xy(1-z)Q_3(R_1 + R_2) + x(1-y)zR_1Q_2 \\
&\quad + x(1-y)(1-z)R_1Q_3 + (1-x)yzR_2Q_2 + (1-x)y(1-z)R_2Q_3 \\
&\quad + (1-x)(1-y)(z-1)GQ_3 - (1-x)yzGQ_2
\end{aligned}$$

消费者行为策略的复制动态方程为

$$\begin{aligned}
F(z) &= \frac{\mathrm{d}z}{\mathrm{d}t} \\
&= z(U_{3Y} - \overline{U}_3) \\
&= z(1-z)\{x[y(R_1 + R_2)(Q_1 - Q_3) + (1-y)(Q_2 - Q_3)(R_1 - G) \\
&\quad - yR_2(Q_2 - Q_3)] + (Q_2 - Q_3)[(1-y)G + yR_2]\}
\end{aligned} \tag{5-3}$$

5.2.2 主体演化博弈的稳定性分析

1. 农产品生产企业行为策略复制动态分析

由式（5-1），根据稳定性理论可知，稳定策略需满足 $F(x) = 0$ 并且平衡点 x 处的导数 $F'(x) < 0$。

（1）若 $y = \dfrac{zQ_2(a_2 - a_1) + (1-z)[a_2Q_3 - a_1(Q_3 - Q_2)]}{z(a_1Q_1 - a_2Q_2) + (1-z)a_2Q_3 + (1-z)a_1(Q_3 - Q_1)}$ 时，则 $F(x) = -(1-z)(a_1 + a_2)(Q_3 - Q_2) - ZQ_2(a_1 - a_2)$

0，说明对所有的 y 都是稳定的。

（2）若 $y \neq \dfrac{zQ_2(a_2 - a_1) + (1-z)[a_2Q_3 - a_1(Q_3 - Q_2)]}{z(a_1Q_1 - a_2Q_2) + (1-z)a_2Q_3 + (1-z)a_1(Q_3 - Q_1)}$ 时，令 $F(x) = -(1-z)(a_1 + a_2)(Q_3 - Q_2) - ZQ_2(a_1 - a_2)$

0，有 $x_1 = 0$，$x_2 = 1$ 是两个平衡点，对 $F(x)$ 求导有

$$\begin{aligned}
F'(x) &= (1-2x)\{y[z(a_1Q_1 - a_2Q_2) + (1-z)a_2Q_3 + (1-z)a_1(Q_3 - Q_1) \\
&\quad - (1-z)(Q_3 - Q_2)(a_1 + a_2) - zQ_2(a_1 - a_2)] + za_1Q_2 - za_2Q_2 \\
&\quad - (1-z)[a_2Q_3 - a_1(Q_3 - Q_2)]\}
\end{aligned}$$

①当 $y < \dfrac{zQ_2(a_2 - a_1) + (1-z)[a_2Q_3 - a_1(Q_3 - Q_2)]}{z(a_1Q_1 - a_2Q_2) + (1-z)a_2Q_3 + (1-z)a_1(Q_3 - Q_1)}$ 时，有 $F'(x)$ $-(1-z)(a_1 + a_2)(Q_3 - Q_2) - ZQ_2(a_1 - a_2)$

$|_{x_1=0}>0$，$F'(x)|_{x_2=1}<0$，故 $x_2=1$ 是稳定策略。

②当 $y > \dfrac{zQ_2(a_2-a_1)+(1-z)[a_2Q_3-a_1(Q_3-Q_2)]}{z(a_1Q_1-a_2Q_2)+(1-z)a_2Q_3+(1-z)a_1(Q_3-Q_1)}$ 时，有 $F'(x)$

$$-(1-z)(a_1+a_2)(Q_3-Q_2)-ZQ_2(a_1-a_2)$$

$|_{x_1=0}<0$，$F'(x)|_{x_2=1}>0$，故 $x_1=0$ 是稳定策略。

令 $y^* = \dfrac{zQ_2(a_2-a_1)+(1-z)[a_2Q_3-a_1(Q_3-Q_2)]}{z(a_1Q_1-a_2Q_2)+(1-z)a_2Q_3+(1-z)a_1(Q_3-Q_1)}$，则生产企业在

$$-(1-z)(a_1+a_2)(Q_3-Q_2)-ZQ_2(a_1-a_2)$$

这三种情况下的动态趋势及稳定性如图5.6所示。

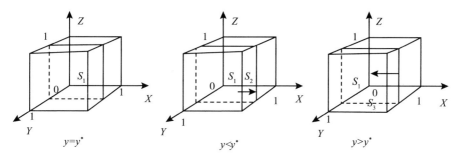

图5.6　农产品生产企业动态趋势及稳定性

2. 物流企业行为策略复制动态分析

由式（5-2），以下是其演化稳定策略分析情况。

（1）当 $z = \dfrac{(1-x)b_2Q_3-(Q_3-Q_2)(b_1-xb_1-xb_2)}{\begin{array}{c}-zQ_2(b_1-b_2)-xb_1(Q_3-Q_1)\\x(b_1Q_1-b_2Q_2)+(Q_3-Q_2)(xb_2+xb_1-b_1)\\+(1-x)(b_1Q_2+b_2Q_3-b_2Q_2)-xb_1(Q_3-Q_1)\end{array}}$ 时，则 $F(y)=0$，

可知此时物流企业任何行为均是演化稳定策略，不会随着时间推移而演变。

（2）当 $z \neq \dfrac{(1-x)b_2Q_3-(Q_3-Q_2)(b_1-xb_1-xb_2)}{\begin{array}{c}-zQ_2(b_1-b_2)-xb_1(Q_3-Q_1)\\x(b_1Q_1-b_2Q_2)+(Q_3-Q_2)(xb_2+xb_1-b_1)\\+(1-x)(b_1Q_2+b_2Q_3-b_2Q_2)-xb_1(Q_3-Q_1)\end{array}}$ 时，令 $F(y)=0$，

有 $y_1=0$，$y_2=1$ 两个平衡点，对 $F(y)$ 求导，得到

$$F'(y)=(1-2y)\{z[x(b_1Q_1-b_2Q_2)+(Q_3-Q_2)(xb_2+xb_1-b_1)$$

$$+(1-x)(b_1-b_2)Q_2-xb_1(Q_3-Q_1)+(1-x)b_2Q_3]$$

$$+ (Q_3 - Q_2)(b_1 - xb_1 - xb_2) - (1-x)b_2Q_3 + zQ_2(b_1 - b_2)$$
$$+ xb_1(Q_3 - Q_1)\}$$

① 当 $Z < \dfrac{(1-x)b_2Q_3 - (Q_3 - Q_2)(b_1 - xb_1 - xb_2)}{x(b_1Q_1 - b_2Q_2) + (Q_3 - Q_2)(xb_2 + xb_1 - b_1)} - zQ_2(b_1 - b_2) - xb_1(Q_3 - Q_1)$ 时，有 $F'(y)$
$+ (1-x)(b_1Q_2 + b_2Q_3 - b_2Q_2) - xb_1(Q_3 - Q_1)$

$|_{y_1=0} > 0$，$F'(y)|_{y_2=1} < 0$，故 $y_2 = 1$ 是稳定策略。

② 当 $Z > \dfrac{(1-x)b_2Q_3 - (Q_3 - Q_2)(b_1 - xb_1 - xb_2)}{x(b_1Q_1 - b_2Q_2) + (Q_3 - Q_2)(xb_2 + xb_1 - b_1)} - zQ_2(b_1 - b_2) - xb_1(Q_3 - Q_1)$ 时，有 $F'(y)$
$+ (1-x)(b_1Q_2 + b_2Q_3 - b_2Q_2) - xb_1(Q_3 - Q_1)$

$|_{y_1=0} < 0$，$F'(y)|_{y_2=1} > 0$，故 $y_1 = 0$ 是稳定策略。

令 $Z^* = \dfrac{(1-x)b_2Q_3 - (Q_3 - Q_2)(b_1 - xb_1 - xb_2)}{x(b_1Q_1 - b_2Q_2) + (Q_3 - Q_2)(xb_2 + xb_1 - b_1)} - zQ_2(b_1 - b_2) - xb_1(Q_3 - Q_1)$，则物流企业在这
$+ (1-x)(b_1Q_2 + b_2Q_3 - b_2Q_2) - xb_1(Q_3 - Q_1)$

三种情况下的动态趋势及稳定性如图 5.7 所示。

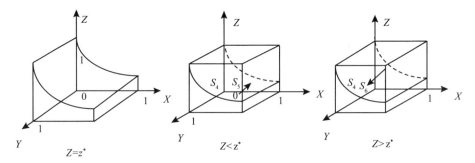

图 5.7 物流企业动态趋势及稳定性

3. 消费者行为策略复制动态分析

由式（5-3），以下是其演化稳定策略分析情况。

（1）若 $x = \dfrac{(Q_3 - Q_2)[(1-y)G + yR_2]}{y(R_1 + R_2)(Q_1 - Q_3) + (R_1 - G)(Q_2 - Q_3)(1-y) - yR_2(Q_2 - Q_3)}$
时，则 $F(z) = 0$，说明对所有的 y 都是稳定的。

（2）若 $x \neq \dfrac{(Q_3 - Q_2)[(1-y)G + yR_2]}{y(R_1 + R_2)(Q_1 - Q_3) + (R_1 - G)(Q_2 - Q_3)(1-y) - yR_2(Q_2 - Q_3)}$

时，令 $F(z)=0$，有 $z_1=0$，$z_2=1$ 是两个平衡点，对 $F(z)$ 求导有

$$F'(z) = (1-2z)\{x[y(R_1+R_2)(Q_1-Q_3)+(1-y)(Q_2-Q_3)(R_1-G) \\ -yR_2(Q_2-Q_3)]+(Q_2-Q_3)[(1-y)G+yR_2]\}$$

①当 $x < \dfrac{(Q_3-Q_2)[(1-y)G+yR_2]}{y(R_1+R_2)(Q_1-Q_3)+(R_1-G)(Q_2-Q_3)(1-y)-yR_2(Q_2-Q_3)}$

时，有 $F'(z)\big|_{z_1=0}>0$，$F'(z)\big|_{z_2=1}<0$，故 $z_2=1$ 是稳定策略。

②当 $x > \dfrac{(Q_3-Q_2)[(1-y)G+yR_2]}{y(R_1+R_2)(Q_1-Q_3)+(R_1-G)(Q_2-Q_3)(1-y)-yR_2(Q_2-Q_3)}$

时，有 $F'(z)\big|_{z_1=0}<0$，$F'(z)\big|_{z_1=0}>0$，故 $z_1=0$ 是稳定策略。

令 $x^* = \dfrac{(Q_3-Q_2)[(1-y)G+yR_2]}{y(R_1+R_2)(Q_1-Q_3)+(R_1-G)(Q_2-Q_3)(1-y)-yR_2(Q_2-Q_3)}$，

则消费者在这三种情况下的动态趋势及稳定性如图 5.8 所示。

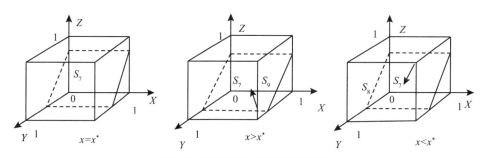

图 5.8　消费者动态趋势及稳定性

4. 模型的均衡分析

由图 5.6、图 5.7、图 5.8 可知，曲面都会将正方体分为两个部分。通过分析可知，农产品生产企业、物流企业和消费者三方的初始状态无论落在哪个交集内，博弈最终都不会稳定地收敛于某一个行为策略的集合里面。这是因为在低碳的约束下，农产品生产企业、物流企业和消费者这三方在演化过程中，影响主体的行为因素有很多，任意一个因素改变都会随之带来另外两方收益上的变化。这三方主体的行为都是相互影响的，会根据变化不断调整自身的行为策略。

5.2.3　主体低碳行为影响因素的数值仿真分析

运用 MATLAB 对主体三方的行为影响因素进行分析，其仿真参数设置如下：

假设农产品生产企业进行低碳生产、传统生产的单位产品收益分别为 $a_1 = 5$、$a_2 = 4$；物流企业低碳运作模式、传统运作模式下的单位产品收益分别为 $b_1 = 3$、$b_2 = 2$；消费者购买超低碳产品、低碳产品、高碳产品的数量分别为 $Q_1 = 20$、$Q_2 = 28$、$Q_3 = 25$（由于超低碳产品需要农产品生产企业和物流企业都同时严格遵守低碳行为，这样就会使得产品的成本增加，故而其售价也会更高，因此市场的需求量相对更小）；低碳生产单位产品给消费者所带来的生态环境收益 $R_1 = 0.7$；低碳物流单位产品给消费者所带来的生态环境收益 $R_2 = 0.5$；高碳单位产品给消费者所带来的生态环境恶化损失 $G = 1$。农产品生产企业低碳生产的初始概率 $X = 0.4$，物流企业低碳运作的概率 $Y = 0.4$，消费者购买低碳产品的概率 $Z = 0.5$。

1. 消费者购买超低碳产品数量 Q_1 对系统的影响

把上述的各项参数作为起始值，设消费者购买超低碳产品的数量 Q_1 分别为 20、25、30，仿真出的结果如图 5.9 所示。

由图 5.9 可知，消费者购买超低碳产品的意愿越强烈，越能促进农产品生产企业和物流企业的低碳行为。

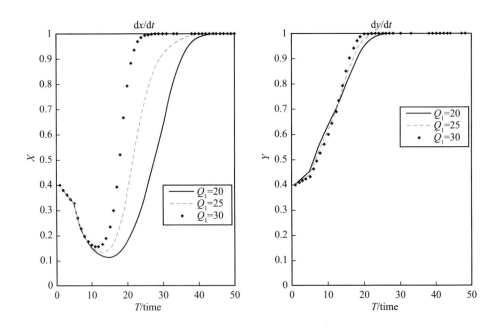

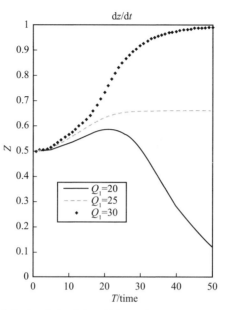

图 5.9　消费者购买超低碳产品的数量对演化路径的影响仿真结果

2. 消费者购买低碳产品数量 Q_2 对系统的影响

把上述的各项参数作为起始值，设消费者购买低碳产品的数量 Q_2 分别为 23、28、33，仿真出的结果如图 5.10 所示。

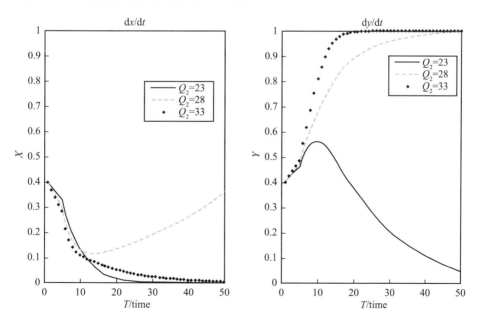

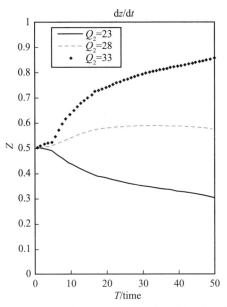

图 5.10　消费者购买低碳产品的数量对演化路径的影响仿真结果

由图 5.10 可知，随着消费者购买低碳产品数量的增加，农产品生产企业和物流企业的低碳行为也得到了整体提升，但增长幅度明显低于消费者购买超低碳产品的情况。

3. 消费者购买高碳产品数量 Q_3 对系统的影响

把上述的各项参数作为起始值，设置消费者购买高碳产品的数量 Q_3 分别为 25、30、35，仿真出的结果如图 5.11 所示。

由图 5.11 可知，随着消费者购买高碳产品的数量增加，它对生产企业和物流企业的低碳行为起抑制作用。

4. 农产品生产企业的单位低碳成本 Δa（即单位产品收益 a_2 与 a_1 之差）对系统的影响

把上述的各项参数作为起始值，设置农产品生产企业的单位低碳成本 Δa 分别为 0.5、1、2，仿真出的结果如图 5.12 所示。

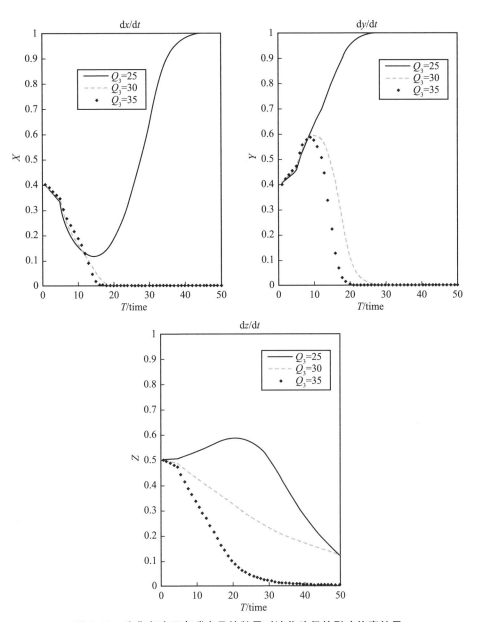

图5.11　消费者购买高碳产品的数量对演化路径的影响仿真结果

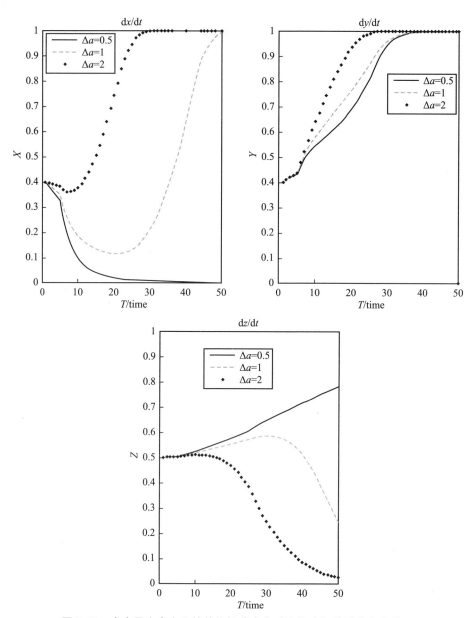

图 5.12 农产品生产企业的单位低碳成本对演化路径的影响仿真结果

由图 5.12 可知，随着农产品生产企业的单位低碳成本增加，消费者购买低碳产品的意愿在下降，而物流企业的低碳行为比例在提高。

5. 物流企业的单位低碳成本 Δb（即物流企业单位产品收益 b_2 与 b_1 之差）对系统的影响

把上述的各项参数作为起始值，设置农产品生产企业的单位低碳成本 Δb 分别为 0.5、1、2，仿真出的结果如图 5.13 所示。

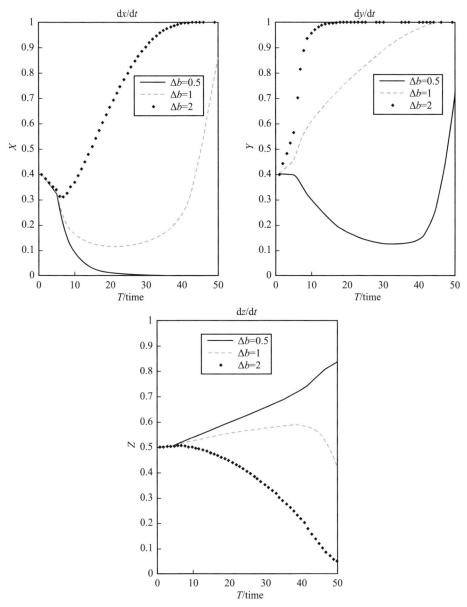

图 5.13　物流企业的单位低碳成本对演化路径的影响仿真结果

由图 5.13 可知，随着物流企业的单位低碳成本的增加，消费者购买低碳产品的意愿在下降，而农产品生产企业的低碳行为比例在提高。

5.2.4 结论与建议

1. 研究结论

基于国家大力倡导的节能减排的大背景下，在国内外学者相关研究的基础上，构建了农产品生产企业、物流企业与消费者低碳行为决策的演化博弈模型，通过数学分析和 MATLAB 数值仿真相结合，对这三方主体低碳行为演化的过程和影响因素进行了分析，得出以下结论。

（1）消费者对超低碳产品的购买意愿越强烈，农产品生产企业和物流企业的低碳行为的比例就越高。

（2）随着消费者购买低碳产品的数量的增加，农产品生产企业和物流企业的低碳行为也得到了整体提升，但增长幅度明显低于消费者购买超低碳产品的情况。

（3）消费者对高碳产品的消费越高，农产品生产企业和物流企业的低碳行为比例会降低。

（4）提高农产品生产企业的单位低碳成本会造成消费者购买低碳产品的意愿降低，而物流企业的低碳行为的比例提高。

（5）提高物流企业的单位低碳成本，消费者购买低碳产品的意愿会下降，而生产企业的低碳行为比例会提高。

2. 研究建议

根据上述研究结论，结合当前的实际，提出以下建议。

（1）通过网络、媒体等多种宣传手段积极倡导低碳生活方式，增强消费者的低碳环保意识和低碳产品的认可度，提高消费者的低碳购买意愿。

（2）出台相应的低碳消费激励措施刺激低碳消费，如对于一些特定的低碳产品消费可以考虑给予一定的财政补贴或者税收减免等方式来促进低碳产品的消费，从源头上来激励企业的低碳行为。

（3）加大对农产品生产企业和物流企业低碳行为的监督和政策支持力度，为企业创造更多的机会收益，鼓励绿色生产和绿色物流；引入低碳竞争机制，构建农产品种植生产和物流企业的碳核算体系，将低碳竞争力作为企业考核的重要指标。

（4）降低农产品生产企业与物流企业的单位低碳成本。从仿真的结果来看，无论农产品生产企业还是物流企业，增加任何一方的单位低碳成本，都会对消费者购买低碳产品造成不利影响，但是能提高另一方的低碳行为比例。就农产品生产企业和物流企业而言，需要通过各种技术变革和创新，降低企业的单位低碳成本，从而使得低碳产品的总体成本降低，使得消费者更倾向于购买低碳产品。

（5）农产品生产企业和物流企业还可以采取建立合作联盟，解决企业之间的信息延迟和不对称问题，实现资源共享及产品各个生产与流通环节的无缝对接，避免资源不必要的损耗，降低企业的单位低碳成本，从而增强消费者的低碳购买意愿。

5.3　政府碳监管下农产品冷链物流碳减排技术采纳行为研究

本节将运用微分博弈理论对政府碳监管下冷链物流企业碳减排技术采纳行为进行研究，建立由一个政府部门和一个冷链物流企业组成的碳减排合作体系的纳什非合作和 Stackelberg 主从微分博弈模型，得出各自的均衡解；再通过分析比较均衡结果，为冷链物流企业碳减排技术采纳的双方行为主体（政府和冷链企业）在共同促进低碳减排技术方向的决策行为制定提供具有一定参考价值的建议。研究绿色冷链物流企业在政府的调控下有市场竞争力的、可持续发展的方向，促进冷链物流行业的绿色转型及健康可持续发展。从当前的文献资料来看，碳减排技术采纳研究主要集中在以下两个方面。

1. 碳减排技术方面

艾欣等（2013）通过建模与分析，针对大型光伏电站得出了一种低碳减排调度方案[214]。米松华（2013）对稻农低碳技术采纳行为及一体化减排技术采纳数量影响因素进行实证分析[215]。高凤华（2013）对企业在政府规制下的行为选择进行博弈分析，并提出能够改善企业低碳物流技术偏好的政府规制模型[54]。李涛（2013）通过约束模型单向投影发现中国碳减排依然处于"自然减排"的阶段，碳减排技术发展缓慢[216]。骆瑞玲等（2014）针对由一个制造商和一个零售商组成的供应链，研究供应链碳减排技术投资与否两种情况，分别构建了三种决策方式的博弈模型[55]。金培振等（2014）指出：以低碳技术创新提高重工业的能效将是未来碳减排中重要的一环[217]。王立平等（2015）提出，在发展碳减排技术的过程中，政府和企业间存在委托—代理关系，政府应设计科学的激励机制以提高企业从事低碳技术创新活动的意愿[218]。许（Xu，2015）等认为在与零售商的合作下，制造商可以通过使用绿色技术来减少单位产品的碳排放[219]。龙飞等（2016）对企业的低碳技术创新响应机理在不同的碳税情况下进行了系统仿真和模拟分析[220]。萨贝里（Saberi，2017）等提出了一种多供应链的货运运输公司网络模型。在这种模型中，制造商、零售商和运输公司将在生态友好的技术环境里实现其投资净现值（Net Present Value，NPV）的最大化[221]。

2. 微分博弈与碳减排方面

杨仕辉等（2013）利用微分博弈原理，构建了全球福利最大化下的两国微分博弈模型，分析了碳税、碳关税、碳减排合作三种碳减排政策对全球福利和全球气候的影响[222]。赵道致等（2014）运用微分博弈，研究由单供应商与单制造商组成的低碳供应链中纵向合作减排的动态优化问题，构建了以制造商为主者、供应商为从者的 Stackelberg 微分博弈模型[223]。贝尔蒂内利等（Bertinelli，2014）研究了两个国家主体在面临跨境二氧化碳污染情况下的战略行为决策的微分博弈模型[224]。徐春秋等（2016）在假设消费者需求受产品碳排放量和零售商绿色宣传的影响的前提下，并假设产品减排量受制造商低碳投入程度影响且在连续时期内变化，构建了零售商和制造商的 3 种微分博弈模型[225]。祖等（Zu，2017）对由一个制造商和一个供应商组成的二级供应链，在三种渐进的环境规制中，通过采纳减少二氧化碳的排放从而增加的收益情况进行 Stackelberg 微分博弈分析[226]。黄欣（2017）分别在碳税、碳交易的多地区排放策略和污染越界影响的地区间联合减排策略三个方面进行微分博弈分析，研究地区间减排策略[227]。叶同等（2017）以一个制造商和一个供应商所构成的两级供应链为研究对象，运用微分博弈理论与方法研究了考虑消费者低碳偏好和参考低碳水平效应的供应链联合减排动态优化与协调问题[228]。

5.3.1 相关理论和研究方法

1. 博弈论基础

博弈论（Game Theory）亦名对策论，博弈论是"研究理性决策者之间冲突与合作的数学模型"。博弈论主要应用于经济学、政治学、心理学，以及逻辑学和计算机科学。

均衡是博弈的目的，均衡是指在一个博弈中任何一个参与方单独改变自己的策略都不会使自己的得益更优。

纳什均衡是非合作博弈下的均衡，数学可以表示为：设均衡时的策略集合 $S^* = \{s_1^*, s_2^*, \cdots, s_i^*, \cdots, s_n^*\}$，参与者 i 的最优策略记为 s_i^*，其他参与者的策略组合用 s_{-i}^* 表示。对于任意博弈方 $i = 1, 2, 3, \cdots, n$ 的任一策略 s_i，都有

$$u_i(s_i^*, s_{-i}^*) \geqslant u_i(s_i, s_{-i}^*)$$

2. 微分博弈

微分博弈（Differential Game）又称为微分对策。在博弈论中，微分博弈是一个与动态系统语境下的冲突建模和分析有关的问题。更具体地说，状态变量或变量随着时间的推移根据微分方程演化。

微分博弈的模型与普通静态博弈类似，也包含局中人、策略集和收益函数，但不同的是微分博弈是引入了状态变量 $x(t)$，状态变量是连续的、可加的，并且是策略的函数。另外，状态变量是收益函数的自变量之一，所以收益函数也是连续可加的。

微分博弈分合作和非合作两大类，Stackelberg 主从微分博弈是非合作博弈的一种，假定局中人甲在博弈中起主导作用（称为主者），其首先制定策略并且有能力强制执行，局中人乙只能根据甲制定的策略约束来制定相应的最有利的策略，在此博弈中乙被称为从者。主者推测乙可能作出的理性反应而作出最利于自己的决策。

3. 微分博弈的均衡解求解

微分博弈要用微分方程组来描述博弈过程，其非合作博弈的均衡与纳什均衡条件类似。

微分博弈的均衡解求解比较困难，常用的求解方法有理论非常成熟的离散序列法，但鞍点构造比较麻烦；本书采用的是在微分博弈问题中另一种常见的求解方法，即把微分博弈看做变分问题，进而求解汉密尔顿－雅克比－贝尔曼方程（Hamilton–Jacobi–Bellman Equation，HJB 方程）。

利用 HJB 方程求解过程分三步：①对目标函数求一阶偏导，得出均衡策略的表达式。②将均衡解回代目标函数，观察化简之后状态变量的系数初步确定 HJB 方程的形式。③构造 HJB 方程，再根据等式左右两边同次方状态变量

的系数必相等，求出 HJB 方程的系数，代入可以得出最优策略的表达式。

5.3.2 模型构建

1. 模型描述与建立

在低碳发展的大背景下，通常低碳政策很难从上而下贯彻下去。因为在以 GDP 增长为重心的考核体系下，在环境保护与经济发展之间做利弊权衡时，地方政府通常是选择经济发展而忽视环境保护这个短期更优的策略。而冷链企业，由于环境污染成本外部化，作为一个理性的企业，是不会去主动积极承担起低碳减排任务的。

为了解决以上困境，本书借鉴赵黎明等（2016）提出的协调区域绿色可持续发展的评价体系，以碳减排效益作为地方政府的政绩考查和冷链物流企业的经营审核[23][229]。如此一来，地方政府便有足够的动力来保证环保目标的实现。为了实现目标，地方政府将通过一系列的优惠政策、技术补贴等激励措施，推动企业朝低碳绿色可持续的方向转型；而企业也会因为环境成本增加的缘故向低碳发展的主流方向靠拢。

为便于分析，本书只研究一个地方政府 G 和一家冷链物流企业 E 之间的低碳技术采纳行为博弈。假设政府在时刻 t 绿色技术上的采纳水平为 $L_G(t)$，冷链企业在时刻 t 绿色技术上的采纳水平为 $L_E(t)$。政府的采纳包括低碳技术、人才的引进、碳监管、绿色技术补贴、优惠政策等。本书假设双方的碳减排技术投入成本为

$$C_G(t) = \frac{1}{2}\mu_G L_G^2(t)$$

$$C_E(t) = \frac{1}{2}\mu_E L_E^2(t)$$

式中：$\mu_G > 0$ 表示政府碳减排技术成本因子；$\mu_E > 0$ 代表冷链物流企业的碳减排技术成本因子。$C_G(t)$ 和 $C_E(t)$ 表示政府和冷链物流企业的低碳技术成本。容易发现，成本函数是凸函数，对应的是碳减排技术的边际成本递增。也就是说，碳减排技术投入的采纳越多，进一步降低排放的成本越高。

假设 $K(t)$ 表示政府和冷链物流企业协调减排体系的碳减排技术水平，经过政府和企业的不断努力，低碳技术水平可逐步提升。假设 $K(t)$ 随着时间 t 的变化满足以下微分方程

$$K(t) = \beta L_G(t) + \chi L_E(t) - \delta K(t) \tag{5-4}$$

式中：碳减排技术初始状态 $K(0) = K_0 \geqslant 0$；β 和 χ 为影响因子，分别表示政府和冷链物流企业在碳减排技术上的采纳程度对低碳技术水平的影响程度；$\delta > 0$ 是技术衰减系数，表示技术水平随着时间的推移衰减。

t 时刻政府与冷链物流企业减排总效益可用 $A(t)$ 表示为

$$A(t) = \eta L_G(t) + \lambda L_E(t) + \omega K(t) \tag{5-5}$$

式中：η、λ 各表示政府与冷链物流企业碳减排技术的采纳水平对减排总收益的影响程度；$\omega > 0$ 代表低碳技术水平对减排总收益的影响程度。

假设减排收益在企业和政府之间分配，φ 表示分配系数，政府获得 φ，则企业获得 $1 - \varphi$。常数 $\varphi \in (0, 1)$ 是碳减排收益分配系数，是预给定的。

政府为鼓励冷链企业投入低碳减排技术，将为其承担 $\theta(t)$ 的成本，$\phi(t) \in [0, 1]$ 是政府对企业低碳技术的补贴因子。假定贴现率 $\rho > 0$，政府和企业的目标均为在无限时区内得到最大的低碳效益。

政府的目标函数为

$$J_G = \int_0^\infty e^{-\rho t} \left\{ \varphi \left[\eta L_G(t) + \lambda L_E(t) + \omega K(t) \right] \right.$$
$$\left. - \frac{1}{2} \mu_G L_G^2(t) - \frac{1}{2} \theta(t) \mu_E L_E^2(t) \right\} dt \tag{5-6}$$

企业的目标函数为

$$J_E = \int_0^\infty e^{-\rho t} \left\{ (1 - \varphi) \left[\eta L_G(t) + \lambda L_E(t) + \omega K(t) \right] \right.$$
$$\left. - \frac{1}{2} \left[1 - \theta(t) \right] \mu_E L_E^2(t) \right\} dt \tag{5-7}$$

本节所构建的模型包括控制变量 $L_G(t)$、$L_E(t)$、$\theta(t)$ 和状态变量 $K(t)$。下面分别讨论在纳什非合作博弈和协同合作博弈中政府和企业在低碳目标下作出的决策（为了便于书写，下文将 $L_G(t)$、$L_E(t)$、$\theta(t)$ 和 $K(t)$ 一律省略为 L_G、L_E、θ、K）。

2. 纳什非合作博弈

在纳什非合作的条件下，政府为使目标收益最大化将不会给企业任何补贴，即 $\theta^N = 0$，双方在此条件下寻求各自收益最大化的低碳技术策略，最优策略组合即为纳什均衡解。此时政企双方的目标函数变为

$$J_G = \int_0^\infty e^{-\rho t} \left[\varphi (\eta L_G + \lambda L_E + \omega K) - \frac{1}{2} \mu_G L_G^2 \right] dt \tag{5-8}$$

$$J_E = \int_0^\infty e^{-\rho t} \left[(1-\varphi)(\eta L_G + \lambda L_E + \omega K) - \frac{1}{2}\mu_E L_E^2 \right] \mathrm{d}t \qquad (5-9)$$

为求解该情形下的纳什均衡，假设存在一个连续有界可微的最优收益函数 $V_G(K)$，$V_E(K)$，t 时刻后的最优收益函数为

$$J_G^N = e^{-\rho t} V_G(K) \qquad (5-10)$$

$$J_E^N = e^{-\rho t} V_E(K) \qquad (5-11)$$

$V_G(K)$，$V_E(K)$，对于所有的 $K \geqslant 0$，均满足 HJB 方程

$$\rho V_G(K) = \max_{L_G \geqslant 0} \left[\varphi(\eta L_G + \lambda L_E + \omega K) - \frac{1}{2}\mu_G L_G^2 \right.$$
$$\left. + V_G'(K)(\beta L_G + \chi L_E - \delta K) \right] \qquad (5-12)$$

$$\rho V_E(K) = \max_{L_E \geqslant 0} \left[(1-\varphi)(\eta L_G + \lambda L_E + \omega K) - \frac{1}{2}\mu_E L_E^2 \right.$$
$$\left. + V_E'(K)(\beta L_G + \chi L_E - \delta K) \right] \qquad (5-13)$$

计算式（5-12）、式（5-13）的一阶条件为

$$L_G^N = \frac{\varphi\eta + \beta V_G'(K)}{\mu_G} \qquad (5-14)$$

$$L_E^N = \frac{(1-\varphi)\lambda + \chi V_E'(K)}{\mu_E} \qquad (5-15)$$

将式（5-14）、式（5-15）代入式（5-12）、式（5-13）并整理得

$$\rho V_G(K) = \left[\varphi\omega - \delta V_G'(K) \right] K + \frac{\left[\varphi\eta + \beta V_G'(K) \right]^2}{2\mu_G}$$
$$+ \frac{\left[\varphi\lambda + \chi V_G'(K) \right]\left[(1-\varphi)\lambda + \chi V_E'(K) \right]}{\mu_E} \qquad (5-16)$$

$$\rho V_E(K) = \left[(1-\varphi)\omega - \delta V_E'(K) \right] K$$
$$+ \frac{\left[(1-\varphi)\eta + \beta V_E'(K) \right]\left[\varphi\eta + \beta V_G'(K) \right]}{\mu_G}$$
$$+ \frac{\left[(1-\varphi)\lambda + \chi V_E'(K) \right]^2}{2\mu_E} \qquad (5-17)$$

由式（5-16）、式（5-17）的结构可以推测 $V_G(K)$、$V_E(K)$ 的解服从以下形式

$$V_G(K) = a_1 K + b_1 \qquad (5-18)$$

$$V_E(K) = a_2 K + b_2 \qquad (5-19)$$

式中：a_1，b_1，a_2，b_2 均为待求解的常数，其中

$$V'_G(K) = a_1 \tag{5-20}$$

$$V'_E(K) = a_2 \tag{5-21}$$

分别将式（5-18）、式（5-19）代入式（5-16）、式（5-17）左边，将式（5-20）、式（5-21）代入式（5-16）、式（5-17）的右边，即

$$\rho(a_1 K + b_1) = [\varphi\omega - \delta a_1]K + \frac{(\varphi\eta + \beta a_1)^2}{2\mu_G} + \frac{(\varphi\lambda + \chi a_1)[(1-\varphi)\lambda + \chi a_2]}{\mu_E}$$

$$\tag{5-22}$$

$$\rho(a_2 K + b_2) = [(1-\varphi)\omega - \delta a_2]K + \frac{[(1-\varphi)\eta + \beta a_2](\varphi\eta + \beta a_1)}{\mu_G}$$

$$+ \frac{[(1-\varphi)\lambda + \chi a_2]^2}{2\mu_E} \tag{5-23}$$

由 K 的相同次方系数相等可求得

$$a_1 = \frac{\varphi\omega}{\rho + \delta}$$

$$a_2 = \frac{(1-\varphi)\omega}{\rho + \delta}$$

$$b_1 = \frac{\varphi^2[(\rho+\delta)\eta + \beta\omega]^2}{2\rho\mu_G(\rho+\delta)^2} + \frac{[\varphi(1-\varphi)]\{[(\rho+\delta)\lambda + \chi\omega]\}^2}{\rho\mu_E(\rho+\delta)^2}$$

$$b_2 = \frac{\varphi(1-\varphi)[(\rho+\delta)\eta + \beta\omega]^2}{\rho\mu_G(\rho+\delta)^2} + \frac{(1-\varphi)^2[(\rho+\delta)\lambda + \omega\chi]^2}{2\rho\mu_E(\rho+\delta)^2}$$

将 a_1，a_2 代入式（5-14）、式（5-15），整理后可以得到纳什非合作博弈下政府和冷链物流企业低碳技术采纳的均衡策略 L_G^N 和 L_E^N

$$L_G^N = \frac{\varphi[(\rho+\delta)\eta + \beta\omega]}{\mu_G(\rho+\delta)} \tag{5-24}$$

$$L_E^N = \frac{(1-\varphi)[(\rho+\delta)\lambda + \omega\chi]}{\mu_E(\rho+\delta)} \tag{5-25}$$

将 a_1，a_2，b_1，b_2 分别代入式（5-18）、式（5-19）可得纳什非合作博弈下政府和冷链物流企业碳减排技术采纳行为的最优收益函数 $V_G^N(K)$、$V_E^N(K)$

$$V_G^N(K) = \frac{\varphi\omega}{\rho+\delta}K + \frac{\varphi^2[(\rho+\delta)\eta + \beta\omega]^2}{2\rho\mu_G(\rho+\delta)^2} + \frac{[\varphi(1-\varphi)]\{[(\rho+\delta)\lambda + \chi\omega]\}^2}{\rho\mu_E(\rho+\delta)^2}$$

$$\tag{5-26}$$

$$V_E^N(K) = \frac{(1-\varphi)\omega}{\rho+\delta}K + \frac{\varphi(1-\varphi)[(\rho+\delta)\eta + \beta\omega]^2}{\rho\mu_G(\rho+\delta)^2}$$

$$+ \frac{(1-\varphi)^2 \left[(\rho+\delta)\lambda + \omega\chi \right]^2}{2\rho\mu_E (\rho+\delta)^2} \tag{5-27}$$

将式（5-23）、式（5-24）两式相加，可以得出纳什非合作博弈下政府和冷链物流企业碳减排技术减排最优总收益为

$$V^N(K) = \frac{\omega}{\rho+\delta}K + \frac{\varphi(2-\varphi)\left[(\rho+\delta)\eta + \beta\omega \right]^2}{2\rho\mu_G (\rho+\delta)^2} + \frac{(1-\varphi^2)\left[(\rho+\delta)\lambda + \omega\chi \right]^2}{2\rho\mu_E (\rho+\delta)^2}$$

$$\tag{5-28}$$

3. Stackelberg 主从博弈

假定政府在博弈中起主导作用，而冷链物流企业只能根据政府制定的策略约束来作出使自己碳减排收益最大化的策略，为追随者。政府为激励冷链企业更好地响应低碳政策，将承诺给冷链企业补贴。政府推测冷链企业可能作出的理性反应而作出最利于自己的决策。

为此需要先求出追随者冷链企业的最优策略，根据式（5-7），假设冷链企业的低碳技术碳减排收益函数 $V_E(K)$ 连续有界可微，对所有 $K \geq 0$ 都满足 HJB 方程

$$\rho V_E(K) = \max_{L_E \geq 0} \Big[(1-\varphi)(\eta L_G + \lambda L_E + \omega K) - \frac{1}{2}(1-\theta)\mu_E L_E^2$$

$$+ V_E'(K)(\beta L_G + \chi L_E - \delta K) \Big] \tag{5-29}$$

求解 HJB 方程的一阶条件，可得

$$L_E^S = \frac{(1-\varphi)\lambda + \chi V_E'(K)}{(1-\theta)\mu_E} \tag{5-30}$$

政府将依据冷链物流企业的最优反馈策略 L_E^S 来制定自己的最优策略（L_G^S，θ^S），此时政府的目标函数可参照式（5-6），假设政府的低碳技术碳减排收益函数 $V_G(K)$ 连续有界可微，对所有 $K \geq 0$ 均满足 HJB 方程

$$\rho V_G(K) = \max_{L_G \geq 0} \Big[\varphi(\eta L_G + \lambda L_E + \omega K) - \frac{1}{2}\mu_G L_G^2 - \frac{1}{2}\theta\mu_E L_E^2$$

$$+ V_G'(K)(\beta L_G + \chi L_E - \delta K) \Big] \tag{5-31}$$

将式（5-31）代入式（5-30），并分别对 L_G，θ 求一阶偏导，并令其均等于 0，可以解得政府的最优策略

$$L_G^S = \frac{\varphi\eta + \beta V_G'(K)}{\mu_G}, \quad \theta^S = \frac{(3\varphi-1)\lambda + \chi\left[2V_G'(K) - V_E'(K) \right]}{(1+\varphi)\lambda + \chi\left[2V_G'(K) + V_E'(K) \right]} \tag{5-32}$$

将式（5-30）、式（5-32）代入式（5-29）、式（5-31）中，化简可以得到

$$\rho V_G(K) = (\varphi\omega - \delta V_G'(K))K + \frac{[\varphi\eta + \beta V_G'(K)]^2}{2\mu_G}$$

$$+ \frac{\{(1+\varphi)\lambda + \chi[2V_G'(K) + V_E'(K)]\}^2}{8\mu_E} \tag{5-33}$$

$$\rho V_E(K) = [(1-\varphi)\omega - \delta V_E'(K)]K$$

$$+ \frac{[\varphi\eta + \beta V_G'(K)][(1-\varphi)\eta + \beta V_E'(K)]}{\mu_G}$$

$$+ \frac{[(1-\varphi)\lambda + \chi V_E'(K)]\{(1+\varphi)\lambda + \chi[2V_G'(K) + V_E'(K)]\}}{4\mu_E}$$

$$\tag{5-34}$$

观察式（5-33）、式（5-34）的结构可得，HJB 方程的解可以有以下形式

$$V_G(K) = a_1 K + b_1 \tag{5-35}$$

$$V_E(K) = a_2 K + b_2 \tag{5-36}$$

式中：a_1，b_1，a_2，b_2 均为待求解的常数，其中

$$V_G'(K) = a_1 \tag{5-37}$$

$$V_E'(K) = a_2 \tag{5-38}$$

将式（5-35）、式（5-36）、式（5-37）、式（5-38）代入式（5-33）、式（5-34）中有

$$\rho(a_1 K + b_1) = (\varphi\omega - \delta a_1)K + \frac{[\varphi\eta + \beta a_1]^2}{2\mu_G} + \frac{[(1+\varphi)\lambda + \chi(2a_1 + a_2)]^2}{8\mu_E}$$

$$\tag{5-39}$$

$$\rho(a_2 K + b_2) = [(1-\varphi)\omega - \delta a_2]K + \frac{[\varphi\eta + \beta a_1][(1-\varphi)\eta + \beta a_2]}{\mu_G}$$

$$+ \frac{[(1-\varphi)\lambda + \chi a_2][(1+\varphi)\lambda + \chi(2a_1 + a_2)]}{4\mu_E} \tag{5-40}$$

根据 K 的相同次方系数相等，可求得

$$a_1 = \frac{\varphi\omega}{\rho + \delta}$$

$$a_2 = \frac{(1-\varphi)\omega}{\rho + \delta}$$

$$b_1 = \frac{\varphi^2 \left[\eta(\rho+\delta) + \beta\omega \right]^2}{2\rho\mu_G(\rho+\delta)^2} + \frac{(1+\varphi)^2 \left[\lambda(\rho+\delta) + \chi\omega \right]^2}{8\rho\mu_E(\rho+\delta)^2}$$

$$b_2 = \frac{\varphi(1-\varphi)\left[(\rho+\delta)\eta + \beta\omega \right]^2}{\rho\mu_G(\rho+\delta)^2} + \frac{(1-\varphi^2)\left[(\rho+\delta)\lambda + \chi\omega \right]^2}{4\rho\mu_E(\rho+\delta)^2}$$

把 a_1，a_2 代入式（5 – 32）、式（5 – 30），化简整理可以得到政府和冷链物流企业的低碳技术采纳均衡策略 L_G^S 和 L_E^S，以及政府对冷链物流企业的碳减排技术最优补贴因子 θ

$$L_G^S = \frac{\varphi\left[(\rho+\delta)\eta + \omega\beta \right]}{\mu_G(\rho+\delta)} \qquad (5-41)$$

$$L_E^S = \frac{(1+\varphi)\left[(\rho+\delta)\lambda + \omega\chi \right]}{2\mu_E(\rho+\delta)} \qquad (5-42)$$

$$\theta^S = \frac{3\varphi - 1}{1+\varphi} \qquad (5-43)$$

又因为 $0 < \theta \leqslant 1$ 且 $0 < \varphi < 1$ 可知，$\frac{1}{3} < \varphi < 1$。

把 a_1，b_1，a_2，b_2 代入式（5 – 35）、式（5 – 36），并化简整理可得 Stackelberg 主从博弈下政府和冷链物流企业碳减排技术行为的最优收益函数 $V_G^S(K)$、$V_E^S(K)$:

$$V_G^S(K) = \frac{\varphi\omega}{\rho+\delta}K + \frac{\varphi^2\left[\eta(\rho+\delta) + \beta\omega \right]^2}{2\rho\mu_G(\rho+\delta)^2}$$

$$+ \frac{(1+\varphi)^2\left[\lambda(\rho+\delta) + \chi\omega \right]^2}{8\rho\mu_E(\rho+\delta)^2} \qquad (5-44)$$

$$V_E^S(K) = \frac{(1-\varphi)\omega}{\rho+\delta}K + \frac{\varphi(1-\varphi)\left[(\rho+\delta)\eta + \beta\omega \right]^2}{\rho\mu_G(\rho+\delta)^2}$$

$$+ \frac{(1-\varphi^2)\left[(\rho+\delta)\lambda + \chi\omega \right]^2}{4\rho\mu_E(\rho+\delta)^2} \qquad (5-45)$$

将式（5 – 44）、式（5 – 45）相加可以得出 Stackelberg 主从博弈下政府和冷链物流企业碳减排技术减排最优总收益为

$$V^S(K) = \frac{\omega}{\rho+\delta}K + \frac{\varphi(2-\varphi)\left[\eta(\rho+\delta) + \beta\omega \right]^2}{2\rho\mu_G(\rho+\delta)^2}$$

$$+ \frac{(3-\varphi)(1+\varphi)\left[\lambda(\rho+\delta) + \chi\omega \right]^2}{8\rho\mu_E(\rho+\delta)^2} \qquad (5-46)$$

5.3.3　均衡结果与数值算例分析

1. 均衡结果比较分析

为判断政府与冷链企业的合作能否得到一个更优的均衡结果，下面对碳监管下政府和冷链物流企业碳减排技术采纳行为的两种博弈下的均衡碳减排技术采纳策略、均衡碳减排收益情况进行比较分析。由 5.3.2 节的均衡结果计算可得

$$L_G^N - L_G^S = 0$$

$$L_E^S - L_E^N = \frac{(3\varphi - 1)\left[(\rho + \delta)\lambda + \omega\chi\right]}{2\mu_E(\rho + \delta)}$$

$$= \frac{(1 + \varphi)\left[(\rho + \delta)\lambda + \omega\chi\right]}{2\mu_E(\rho + \delta)} \cdot \frac{(3\varphi - 1)}{(1 + \varphi)}$$

$$= L_E^S \cdot \theta^S > 0$$

$$V_G^S(K) - V_G^N(K) = \frac{(3\varphi - 1)^2\left[(\rho + \delta)\lambda + \chi\omega\right]^2}{8\rho\mu_E(\rho + \delta)^2} > 0$$

$$V_E^S(K) - V_E^N(K) = \frac{(1 - \varphi)(3\varphi - 1)\left[(\rho + \delta)\lambda + \omega\chi\right]^2}{4\rho\mu_E(\rho + \delta)^2} > 0$$

$$V^S(K) - V^N(K) > 0$$

其中，$\varphi \in \left(\dfrac{1}{3}, 1\right)$ 是以上各式成立的先决条件。

通过以上均衡结果的比较可以得到以下结论。

（1）政府为主者冷链物流企业为从者的 Stackelberg 主从博弈体系不会影响政府的均衡碳减排技术采纳策略。其中原因也很明显，与冷链物流企业相比，政府只是"给予"的一方，而没受到像冷链物流企业那样的激励。

（2）在政府对冷链物流企业碳减排技术的碳减排收益分配系数 $\dfrac{1}{3} < \varphi < 1$ 的前提下。主从博弈下冷链物流企业均衡碳减排技术采纳策略得到一定的提升，而且提升强度随碳减排技术补贴因子的增大而增大，说明在主从博弈下碳减排技术补贴因子作为一种激励手段促进企业碳减排技术采纳行为。

（3）主从博弈下政府和冷链物流企业的碳减排均衡收益均高于纳什非合作博弈下的均衡收益，自然地，主从博弈下政府和冷链物流碳减排合作体系的碳减排总收益高于非合作体系总收益，说明政府提供一定的碳减排技术补

贴能使政府和冷链企业的均衡碳减排收益均得到提升，从而提升系统碳减排收益。

2. 数值算例分析

以下对政府与冷链物流碳减排技术合作减排模型进行算例分析。假设模型中参数设置为：$\rho = 0.9$，$\mu_G = 0.6$，$\mu_E = 0.4$，$\beta = 0.3$，$\chi = 0.2$，$\delta = 0.1$，$\eta = 0.4$，$\lambda = 0.3$，$\omega = 0.2$，$K(0) = K_0 = 1$，取 $\varphi = 0.6 \epsilon \left(\dfrac{1}{3}, 1 \right)$。

将以上参数代入相应式子中可得：$L_G^N = 0.46$，$L_E^N = 0.34$，$L_G^S = 0.46$，$L_E^S = 0.68$，$\theta^S = 0.5$。满足 $L_G^N = L_G^S$，$L_E^S > L_G^N$，$\dfrac{L_E^S - L_E^N}{L_E^S} = 0.5 = \theta^S$，与"1. 均衡结果比较分析"中的相关结论完全符合。

令 $O = \beta L_G + \chi L_E$，则 $\dot{K} = O - \delta K$，再由 $K(0) = K_0$ 可以求出满足条件的碳减排技术水平最优轨迹 $K(t)$ 的表达式为

$$K(t) = \frac{O}{\delta} + \left(K_0 - \frac{O}{\delta} \right) e^{-\delta t}$$

由此，可以得到政府和冷链物流企业碳减排技术合作减排在纳什非合作博弈下的最优碳减排收益、整体减排收益，以及最优碳减排技术轨迹为：$V_G^N(K) = 0.12K + 0.1476$，$V_E^N(K) = 0.08K + 0.12$，$V^N(K) = 0.2K + 0.2676$，由 $K' = 0.206 - 0.1K$，可得 $K(t) = 2.06 - 1.06 e^{-0.1t}$。

相应的，政府和冷链物流企业碳减排技术合作减排在 Stackelberg 主从博弈下的最优碳减排收益、整体减排收益和碳减排技术水平最优轨迹为：$V_G^S(K) = 0.12K + 0.1733$，$V_E^S(K) = 0.08K + 0.1454$，$V^S(K) = 0.2K + 0.3187$，由 $K' = 0.274 - 0.1K$ 可得 $K = 2.74 - 1.74 e^{-0.1t}$。

利用软件 Matlab 7.1，可以计算得出政府和冷链物流企业在不同博弈下的碳减排技术最优轨迹、最优碳减排收益（图5.14～图5.17）。

由图5.14～图5.17可以发现，无论是碳减排技术水平，还是政府、冷链物流企业的碳减排最优收益都随时间增加而递增，并在一定时间后趋于稳定，这说明碳减排技术水平和减排收益在一定时间内是遵循边际递减规律的。从曲线的轨迹来看，Stackelberg 主从博弈下的低碳技术水平、政府或是冷链物流企业碳减排收益都要优于纳什非合作博弈下的相应数据，而且二者在时间开始阶段相差并不明显，但随着时间的推移差距逐渐显现并趋近一个定值。图5.14～图5.17所示的结果与均衡解比较分析得出的

结论基本相符。

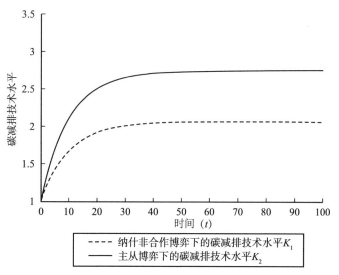

图 5.14　两种博弈下碳减排技术水平最优轨迹

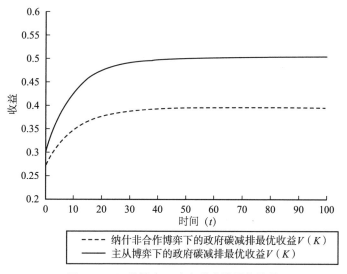

图 5.15　两种博弈下政府碳减排最优收益

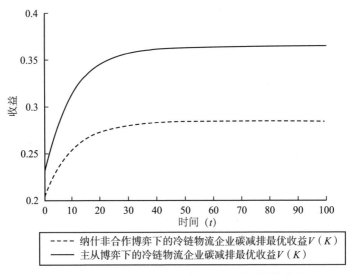

图 5.16   两种博弈下冷链物流企业碳减排最优收益

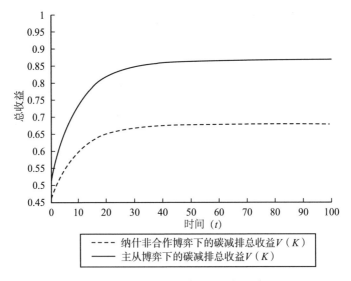

图 5.17   两种博弈下碳减排最优总收益

3. 研究建议

从均衡解的比较分析和数值算例的验证可以确定：政府主导给予企业一定减排技术成本补贴的模式要全面优于政府和冷链物流企业各自为政的非合作情形。由此建议，在公平互利的基础上，可以采用建立地方政府为主冷链物流企业为辅的联合减排模式。为了提高各地区冷链物流业的减排积极性，国家可以制定一套低碳指标考核机制以激励地方官员和冷链物流企业，同时地方政府为了达到更优的减排收益，需要制定一定的低碳减排技术补贴政策（补贴力度根据市场变化情况而作出调整），激励冷链物流企业采纳实施碳减排新技术，从而使得政府和冷链企业达到一个双赢的局面。同时为了防止道德风险问题，地方政府也要做好必需的监督和管理，避免个别投机分子的"骗补"行为；相应的，地方政府也要长期稳定地履行合作减排合约以保证这种合作的可持续性。

在政府落实以上几点后，冷链物流企业可以借助政府的一定补贴弥补低碳新技术的一定成本，完成从低效到高效，低端往高端的绿色经济转型；这也是顺应时代变化的长久生存之道。

当然，合理地分配减排合作体系的减排收益也是至关重要的一环，从均衡解的求解过程中可以发现政府在分配系数低于临界点 $\frac{1}{3}$ 是无法拿出任何补贴的，所以减排收益的分配也需要双方在具体情形具体分析，提前商定一个双方都能接受的比率。

5.3.4　研究结论

本节利用微分博弈理论对单个地方政府和单个冷链物流企业组成的低碳技术联合减排系统进行研究，分别构建了纳什非合作博弈模型和政府主导、冷链企业跟随的 Stackelberg 主从博弈模型，得出了政府和冷链物流企业在两种博弈下碳减排技术采纳的最优策略、最优减排收益并推导出碳减排技术水平最优轨迹等。最后通过均衡解的比较分析，以及数值算例分析了在 Matlab 软件上模拟的碳减排技术最优轨迹和最优收益函数随时间变化的趋势，得出了以下结论。

（1）在主从博弈下冷链物流企业的碳减排技术采纳程度相比纳什非合作情形下要显著提高，也就是说冷链物流企业的碳减排技术采纳行为更优，并且改善程度等于政府给冷链企业碳减排技术的补贴系数。这表明碳减排技术"补贴因子"作为一种激励冷链物流企业碳减排技术采纳行为的手段是具有成效的。相应的，政府低碳减排技术采纳程度保持不变。

（2）对于政府和冷链物流企业的碳减排技术联合减排体系，Stackelberg 主从微分博弈下的碳减排均衡策略对于纳什非合作下的碳减排均衡策略是一个帕累托更优策略，也就是说政府和冷链企业主从博弈下的碳减排最优减排收益均要大于纳什非合作下的最优减排收益。其中的因果关系表现为：政府补贴促进冷链物流企业的碳减排技术采纳行为，冷链物流企业的碳减排技术行为模式进而改善政府和冷链物流企业的减排总收益。本书建议，为达到更好的冷链物流减排效率，在公平互利的基础上，建立地方政府为主，冷链物流企业为辅的联合减排模式。

（3）碳减排技术轨迹和政府与冷链企业最优收益曲线随时间的推移而递增，但斜率逐渐下降，最后趋于平缓。这说明碳减排技术水平和碳减排最优收益遵从边际递减规律，这也与模型的碳减排技术投入边际成本递增的设定基本相符。

5.4　本章小结

碳减排技术对于降低农产品冷链物流企业的碳排放量具有积极的作用，但农产品冷链物流企业在采纳低碳技术时却会有各种顾虑。为此，首先，本章基于 TOE 模型，应用因子分析方法分析了影响农产品冷链物流企业低碳技术采纳的影响因素，并分别从技术背景、组织特征和外部环境方面综合分析了影响农产品物流企业低碳技术采纳的因素。

其次，从供应链角度来分析低碳行为对冷链物流企业的影响，为此，构建了农产品生产企业、物流企业和消费者低碳行为的三方演化博弈模型，分析了各主体的演化稳定策略，并通过数值仿真分析，对三方主体的低碳行为影响因素进行了分析。研究结果表明：农产品生产企业的单位低碳成本，物流企业的单位低碳成本，消费者对低碳产品的购买意愿等都影响着企业与消费者的低碳行为。消费者购买低碳产品数量的增加，能够促进农产品生产企业和物流企业的低碳行为，而且超低碳产品的促进作用更为明显；反之，消费者购买高碳产品数量的增加，会降低农产品生产企业和物流企业的低碳行为比例。此外，无论农产品生产企业还是物流企业，增加任何一方的单位低碳成本，都会降低消费者购买低碳产品的意愿和提高另一方的低碳行为比例。

　　最后，在政府碳监管下，建立了政府与冷链物流企业联合减排微分博弈模型。通过研究比较政府和冷链物流企业分别在纳什非合作博弈和 Stackelberg 主从博弈下的均衡碳减排技术采纳策略和碳减排收益情况，探讨能够提升政府和冷链物流企业碳减排效率的利益分配比率、政府补贴力度等。均衡结果表示：在 Stackelberg 主从博弈下，冷链企业碳减排技术均衡策略，以及政府与冷链企业的碳减排收益均优于纳什非合作博弈情形下的相应均衡结果。在相同的政府碳减排技术采纳策略下，政府主导并给冷链物流企业一定补贴对冷链物流企业碳减排技术的采纳行为有明显的促进作用，合作减排系统也因此获得更优的减排效果。

第 6 章
基于系统动力学的农产品
冷链物流碳减排策略研究

农产品冷链物流系统中存在许多相互作用、相互制约的正负反馈环，是一个典型的动态复杂系统。本章尝试应用系统动力学的方法，对农产品冷链物流的运输、仓储、销售三个子系统来模拟和重现农产品冷链物流系统的碳排放行为；结合国内外相关文献研究成果，归纳出农产品冷链物流碳排放的主要影响因素；构建农产品冷链物流碳排放的系统动力学模型，通过观察模型在不同参数和影响因素下的碳排放行为和趋势得出研究结果；根据研究结果为农产品冷链物流企业的低碳运营发展提供一些可行性对策。

6.1 系统动力学基本理论

6.1.1 系统动力学的含义及特点

1. 系统动力学的含义

系统动力学是一门结合系统科学理论和计算机仿真的科学，被用来研究系统反馈结构与行为，以帮助解决实际问题。系统动力学是最早、最有代表性的系统工程方法。系统动力学是基于运筹学的总结，为了适应当代社会系统的管理从而发展起来的。它不是依据抽象的假设，而是根据现实世界的存在，不追求"最佳方案"，依据整体性寻求改善系统行为的方法和途径。从技巧方面来看，它不是根据数学逻辑的推演而获取答案，而是根据对系统的实际观察信息来构建的动态仿真模型，并且经过计算机实验来获取对系统之后行为的描述。简而言之，系统动力学是根据社会系统动态行为而进行计算机仿真的方法。

系统动力学在联系系统行为和内在机制的基础上通过数学建模来理解问题，进而发掘出系统行为发生变化的因果关系，系统动力学将之称为结构。所谓结构是指一系列连续的的行动或决策规则所构成的网络，如引导组织成员每日行为与决策的一组相互联系的准则、政策或惯例，该组结构决定了组织行为的特性。

2. 系统动力学的特点

系统动力学是最早和最有代表性的系统工程方案。

（1）社会系统所包含的变量多，而系统动力学容纳变量数量较大，故系统动力学适用于社会系统研究。

（2）系统动力学，既有描绘系统各个因素之间因果关系回路的模型，还有专门方式表示的数学模型，由此进行仿真实验和计算，来掌握系统将来的动态行为。因此，系统动力学是一种定性分析和定量分析相结合的技术。

（3）系统动力学仿真实验可以达到实际实验室的作用。它通过对人和计算机的结合，既可以发挥人的理解、分析、推理、评价和创造社会系统的能力，而且可以利用计算机的高速计算和快速跟踪的功能，以此试验和分析实际系统，从而产生丰富且深度的信息，为选择最优决策或满意方案提供有力依据。

6.1.2　系统动力学解决问题的主要步骤

系统动力学是一种定性分析和定量分析相结合的技术，运用"每一个系统都必须具有结构，系统结构决定功能系统"的系统科学思想，根据系统内部组成元素互为因果的反馈特点，从系统的内部结构来探寻问题发生的本源，而不是用外部的干扰或随机事件来说明系统的行为特征。系统动力学模型的建立大致可分为以下五个步骤。

1. 系统分析

运用系统动力学分析处理问题，充分了解所研究的问题，并在此基础上进行分析处理。

（1）对要研究的系统进行调查研究并收集相关数据。

（2）记录分析用户的需求及目的，明确要研究的问题。

（3）分析系统的主要问题，抓住主要矛盾，寻求那些与问题的症候之间关系最密切的变量。

（4）根据建模目的初步划定系统界限，并确定内生变量、外生变量和输入量，把那些与所研究问题关系最密切的重要变量划入系统边界内。

（5）根据国内外参考文献、以往经验和一般常识确定系统行为的参考模式。

2. 系统的结构分析

系统结构分析的主要目的是分析处理系统信息及系统的反馈机制。

（1）剖析系统总体及局部的反馈机制。

（2）划分系统的层次子模块。

（3）剖析系统的变量及变量间关系，定义变量并确定变量的类型。

（4）根据各回路间的关系，初步确定系统的主回路及其性质，并据此画出系统的因果关系图。

3. 建立系统动力学模型

为了明确细化因果关系图，需要进一步把模型结构用数学方程式的形式表现出来，并用计算机进行仿真模拟。

（1）建立流位方程。

（2）建立流率方程。

（3）建立辅助变量方程。

4. 模型仿真与政策分析

（1）把方程输入到计算机进行仿真，对所建模型进行仿真，并分析模拟结果，以便更深入地剖析系统。检查模型所用假设，对比仿真结果与假设，检验是否存在矛盾。如果有矛盾，则修正假设或模型后再运行，直到结果与实际情况一致。

（2）制定相关模拟方案，在计算机上模拟不同的政策方案，得到不同政策下的模拟结果，并比较仿真结果，以此找出问题的最佳解决方案。

（3）不断优化模型，包括模型中的结果及参数。

5. 模型的检验与评估

在整个系统动力学建模过程中，需要对模型进行不断的检验优化与评估，以便找到最优决策。

6.1.3　系统动力学的仿真

1. 系统动力学专用软件——Vensim

系统动力学是一门基于信息反馈系统的一门科学，其落脚点是对复杂系统的分析、构建，从而解决实际问题的一种分方法。其理论与应用的发展总是和建模手段、工具的演进密切相关的。20 世纪 90 年代后，因为 Windows 操作系统的遍及，系统动力学软件也产生了较大的改变，由最初的编写语言发展至图形化应用软件，其中，美国 Ventana 公司推出的 Vensim 是一款比较受欢迎的软件。Vensim 是系统动力学可视化建模工具，不存在"编程"工作，只有建模的概念。Vensim 可以用来描述一个动态系统，系统变量间的因果关系通过有向弧线连接。方程式的输入对其进一步描述，以此构建一个完整的仿真模型。

2. 系统分析工具——因果关系图

（1）因果链。福瑞斯特创建的系统动力学的核心新概念——因果链，是一个分析变量互相变化关系、刻画系统作用力传送、刻画动力传送的新方法。因果链的概念建立具有重要意义：相比有向弧，因果链更深刻地刻画了两个变量的动态传递变化关系。

一张因果关系图中有很多个变量，这些变量间的关系需要用箭头连接，则该箭头被称为因果链。要素变量由因果链联系，因果链由箭头表示。每条因果链都具有极性，或者为正（＋），或者为负（－），该极性指出了当独立变量变化时，相关变量会如何随之变化。在其他条件相同的情况下，如果独立变量 A 增加（减少），那么 A 的相关变量 B 也增加（减少），此时称 A 与 B 之间呈正相关，如图 6.1（a）所示。反之，称 A 与 B 间呈负相关，如图 6.1（b）所示。

（a）正相关　　　　　　　　　　　　（b）负相关

图 6.1　因果链中变量的正、负相关

（2）反馈环回路。在一个子系统中，n 个不同要素变量的闭合因果链序

$V_1(t) \rightarrow V_2(t) \rightarrow \cdots\cdots \rightarrow V_n(t) \rightarrow V_1(t)$（省略因果链正、负符号）称为此系统的一条反馈环。如果在给定的时间间隔内的任意时刻，$V_i(t)$ 相对增加，并且由它开始经过一个反馈后导致 $V_i(t)$ 量相对再增加，则说明该反馈回路为在一个给定的时间间隔内的正反馈回路；相对减少则称之为负反馈环。正反馈环具有同增性和同减性；负反馈环具有反增性和反减性。如果反馈回路具有偶数个负的因果链，则是正反馈环；如果反馈回路具有奇数个负的因果链，则是负反馈环。具体表示如图6.2所示。

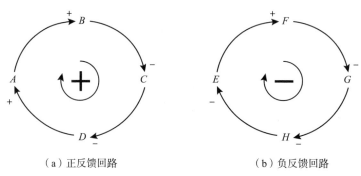

（a）正反馈回路　　　　　　　　（b）负反馈回路

图6.2　正负反馈环

（3）变量的分类。任何社会经济复杂系统都是由 n 个积累变量和相应的速率变量组成的。经过大量的观察，在实际系统中的变量可以大致被概括为以下几种类型。

①流位变量：流位变量是指存在积累效应的变量，设为 $L_1(t)$，$L_2(t)$，$\cdots$，$L_n(t)$。在参数方程中，水平方程表示流位变量。

②流率变量：n 个积累变量对应的单位时间变化量称为 n 个流率变量，设为 $R_1(t)$，$R_2(t)$，$\cdots$，$R_n(t)$。

③辅助变量：辅助变量是指从信息源到流率变量间的中间变量。流位、其他变量均可做辅助变量。

④增补变量：任何反馈环中其他变量的变量称为增补变量。

⑤常量：是指在某一计算过程中不随时间变化的量。

⑥外生变量：是指随时间变化而变化的变量，但是这种变化不是由系统中其他变量引起的。

6.2 农产品冷链物流碳减排的 SD 模型构建与仿真分析

6.2.1 模型的假设与构建

1. ××冷链物流公司简介

本书以××冷链物流公司为研究主体。××冷链物流公司是国内中型冷链物流企业，拥有着公路、铁路、水运、航空绝佳的交通优势。市场设有高低温冷藏库、农产品深加工车间、冷藏车、专用叉车及货架和快速检测中心、信息中心、电子结算中心。项目以 6 万吨冷库为中心，聚集蔬菜、水产品、干鲜、板栗、冷冻食品等批发、加工、冷藏配送、仓储、物流、检疫、进出口贸易和电子商务平台。

由于该公司刚成立不久，在农产品冷链物流基础设施方面还存在以下问题。

（1）冷链运输方面。目前该公司农产品主要选用公路和铁路两种形式进行冷链运输，并且冷链运输和冷藏保温汽车很少，基本是在露天而非冷库和保温场地装车，大部分农产品均用普通货车运输，最多在其上方盖上塑料布或帆布。此外，现有的设施设备陈旧，发展和分布不均衡，无法提供低温保护的农产品流通体系，导致大量的农产品损耗。

（2）冷藏方面。为了削减冷链物流的成本，公司多采用传统的方法储藏农产品，如用空调降温，使用氧气罐和泡沫保险盒来保证蔬菜水果的新鲜度；即便是有冷库，其功能也比较单一，导致冷库的利用率并没有随着冷库的增加而增加。

（3）冷链物流技术和管理水平不高。公司冷库保温技术有待完善，有效的温控设施投资有限，先进的冷库温度控制操作管理制度亟须建立，这种情况严重制约了公司物流业的发展。冷链物流业整体管理水平低，存在内部结构不合理、经营运作不规范等问题，影响了该公司农产品冷链物流的发展。

2. 公司农产品冷链物流碳排放系统构建

（1）建模目的和系统边界。

①建模目的。农产品冷链物流的碳减排系统是一个复杂系统，影响因素众多，相互之间关系错综复杂。农产品冷链物流企业作为碳减排的主体，存在低

碳运营效果不佳，冷链物流低碳技术推广滞后、低碳运营管理制度和宏观引导政策缺乏等问题，严重影响农产品冷链物流的健康发展。这就迫切需要从多个层面和角度来构建农产品冷链物流的低碳支撑政策体系，并通过策略的模拟仿真来检验和优化策略。本书通过分析企业冷链物流碳排放量的外部因素和内部运行机制，对运输、仓储、销售三个子系统的相关内外部因素进行定性与定量化分析，建立系统动力学模型来模拟碳排放环节的行为特征，获得影响微观企业现有冷链物流碳排放量的主要原因，从而为企业降低农产品冷链物流碳排放政策的制定给出可行的理论基础。

②系统边界。本书的研究目的在于找出农产品冷链物流低碳化策略研究，进而制定相应的果蔬类农产品冷链物流产业发展政策。为突出研究目的，需要从加工、运输、仓储、销售等子系统中的众多因素中挑选出联系最紧密的要素，合成一个闭合的、符合研究目的的总系统。由于农产品冷链物流加工过程涉及的碳排放量较少，因此本书仅对运输、仓储、销售三个方面造成的碳排放过程进行展开研究。经定性分析，初步确定系统边界内应包括以下几个主要变量：农产品冷链物流作业量、农产品冷链物流碳能源需求、农产品冷链物流 CO_2 排放量、农产品冷链物流运营成本、农产品冷链物流资金投入。

（2）系统因果关系图的构建。

①模型假设。碳排放系统是一个由若干子系统组成的复杂经济系统，且各子系统相互影响、相互制约。在建立模型时，通过深入分析提炼出影响企业农产品冷链物流碳排放的主要因素，从而通过适当的假设，把碳排放系统简化，可以使该系统在非常好的描述实际系统的同时，不会因为一些细节过于复杂而增加工作量，影响其准确性。为此，本书为其提供以下假设。

Ha 模型主要由农产品冷链物流 CO_2 排放量、农产品冷链物流作业量、农产品冷链物流运营成本、低碳资金投入等相关因素组成。农产品冷链物流作业量受需求量的影响，农产品冷链物流运营成本受 CO_2 排放量的影响。

Hb 农产品冷链物流运输子系统中能源结构只考虑石化和电力能源，且整个物流网络保持不变。

Hc 农产品冷链物流用低碳技术转化为冷链物流产业资本的过程中，不考虑企业固定资产折旧，且不考虑冷链物流人才等相关投入状况。

②因果关系图。根据上述假设前提并结合定性分析得到模型的因果关系，如图6.3所示。

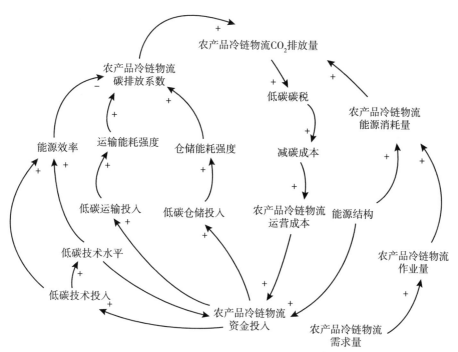

图 6.3　农产品冷链物流 CO_2 排放量因果关系

以下是模型基本回路的解释。

a. 政府增加低碳碳税使得企业减碳成本增加，在冷链物流方面的资金投入势必要增加以维持企业的正常营运工作，而资金的大力投入又会使得企业在运输、仓储农产品作业中重视低碳技术的研发，加大各环节的资金投入，从而降低各环节的能耗强度，提高能源利用效率，进而减少 CO_2 的排放量。

b. 在全民号召节能减排的大背景下，农产品冷链物流是高耗能产业，必定会在整个节能减排战略中作为重点对象，所以在农产品冷链物流资金投入中需要加大对瓶颈环节物流基础设施的投资，如提高加工处理能力、预冷效果的加工过程投资，优化运输过程中运输方式、运输网络布局的运输结构投资，以及在仓储环节中通过改善仓储保温系统、提高仓库利用率等措施，从而降低 CO_2 的排放量。

c. 改革开放以来，国民经济发展迅速，人们生活水平不断提高，对农产品冷链物流的需求越来越大，从而刺激农产品冷链物流企业的作业量的增加，冷链物流的能源消耗量持续增长，导致 CO_2 排放量增加。

本章通过分析农产品冷链物流产业链各子系统影响因素来构建系统动力学模型，以期寻找到低碳资金投入比例及最优运输方式组合策略，从而减少 CO_2

的排放量。

(3) 系统流图的构建。因果关系图描述的反馈结构仅仅是最基础的方面，不能表现出不同性质变量之间的区别，而流图可以解决以上的问题。根据因果关系图，可以将其转化为流图，进一步探究农产品冷链物流系统各变量间的联系方式。它们之间的作用方式由系统内的反馈环路决定，如图6.4所示，左边负反馈环制约了农产品冷链物流的可持续性发展，右边的负反馈环可以减少左边负反馈环对冷链物流发展的制约，但是，右边的负反馈环相应变量及其作用方式还需要进一步的深入研究。本书在分析影响因素的基础上，构建反馈基模，以研究区域农产品冷链物流系统的碳减排机理。

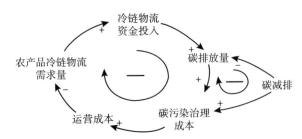

图6.4　农产品冷链物流可持续发展的系统反馈

根据图6.3，将其转化为存量流量图，如图6.5所示。

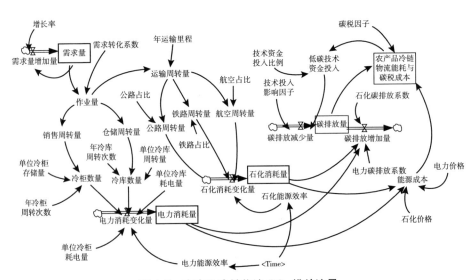

图6.5　农产品冷链物流 CO_2 排放流量

（4）方程、参数估计及说明。

①数据来源。本章的数据主要从以下几种途径获得。

a. 物流基地数据。农产品冷链物流企业实际运营数据，如作业量、物流设备数据等。

b. 统计年鉴数据。《中国冷链物流年鉴》《中国能源年鉴》《中国物流年鉴》等。

c. 权威网站相关数据。国际能源署、IPCC 和中国能源网。

②模型变量、主要方程及参数。

a. 农产品冷链物流能耗与碳税成本 = INTEG（碳税因子×碳排放量 + 能源成本）

碳税 = 10 元/吨；农产品冷链物流能耗与碳税成本初始值 = 1800，单位：万元。

b. 农产品冷链物流作业量 = 360，单位：万吨。

c. 农产品冷链物流作业量 = 销售周转量 = 仓储周转量。

d. 运输周转量 = 年平均运输里程×农产品冷链物流作业量。（年平均运输里程 = 3.6×10^4 公里）

e. 冷柜数量 = $\dfrac{销售周转量}{单位冷柜存储量×冷柜周转次数}$ = 9000 个

单位冷柜存储量 = 2×10^{-4}，单位：万吨；平均周转次数为 200 次/年。

（注：冷柜采用市面超市普遍在用的型号为 16SG – A8l 的 2900mm × 840mm × 1960mm 四层冷柜，24 小时耗电量为 8 千瓦时。）

f. 冷库数量 = $\dfrac{仓储周转量}{单位冷库存储量×冷库周转次数}$ = 10 个

单位冷库存储量 = 6，单位：万吨；平均周转次数为 6 次/年。

（注：该公司在用的 6 万吨冷库 24 小时耗电 160 千瓦时。）

g. 公路周转量 = 运输周转量×公路占比。（公路占比 = 0.4）

h. 铁路周转量 = 运输周转量×铁路占比。（铁路占比 = 0.3）

i. 航空周转量 = 运输周转量×航空占比。（航空占比 = 0.3）

j. 电力消耗变化量 = $\dfrac{冷柜数量×单位冷柜耗电量 + 冷库数量×单位冷库耗电量}{电力能源效率×2475.2×10000}$

单位冷柜耗电量 = 2920 千瓦时/（个·年）；单位冷库耗电量 = 5.84×10^4 千瓦时/（个·年）；

1 吨标准煤 = 2475.2 千瓦时电。（单位：万吨标准煤）

（注：一年以 365 天计。）

k. 电力消耗量 = INTEG（电力消耗变化量，电力消耗量初始值）。（电力消耗量初始值 = 0.2，单位：万吨标准煤。）

l. 石化消耗变化量 = $\dfrac{公路周转量 \times 0.04 + 铁路周转量 \times 0.012 + 航空周转量 \times 0.2}{化石能源效率 \times 1.43}$

1 吨标准煤 = 1.43 吨石化能源。（单位：万吨标准煤）

m. 石化消耗量 = INTEG（石化消耗变化量，石化消耗量初始值）。

（石化消耗量初始值 = 116，单位：万吨标准煤。）

n. 低碳技术资金投入 = 农产品冷链物流运营成本 × 技术资金投入比例。（技术资金投入比例 = 0.4）

o. 碳减排量 = 低碳技术资金投入 × 技术投入影响因子，单位：万吨。（技术投入影响因子 = 10.4 × 0.045）

（注：单位技术资金投入可降低 10.4×10^4 吨 CO_2 排放。0.045 为物流业 CO_2 占我国 CO_2 排放的比重[230]。）

p. 碳排放量增加量 = 石化能源消耗量 × 石化能源碳排放系数 + 电力消耗量 × 电力碳排放系数

本书假设农产品冷链物流过程中主要石化能源有汽油、煤油、柴油、燃料油、液化石油气五种，石化能源碳排放系数取其平均值[231]。具体数值见表 6.1。

表 6.1   各石化能源碳排放系数

能源	标准煤碳排放系数
汽油	0.5532
煤油	0.574
柴油	0.5916
燃料油	0.6179
石化能源（平均值）	0.5842

所以，本书中石化能源碳排放系数 = 0.5842，电力碳排放系数 = 0.801。（本书采用发电煤耗计算法根据 IPCC（1995）将电力碳排放系数取值为 0.801[2]）

q. 碳排放量 = INTEG（CO_2 排放量增加量 - CO_2 排放减少量，CO_2 排放量初始值）。（CO_2 排放量初始值 = 55，单位：万吨。）

r. 能源成本 $= \dfrac{电力消耗量 \times 电力价格 + 石化能源消耗量 \times 石化价格}{1.4714}$

电力价格 $=0.82$ 元/千瓦时；石化能源价格 $=6083$ 元/吨。

石化能源价格取汽油、柴油、煤油和燃料油的平均值，见表6.2。

表6.2　　　　　　　　　　　　石化能源价格

型号		油价/(元/吨)
汽油	#90	5550
	#93	5900
	#97	6350
柴油		6900
煤油		7800
燃料油		4000
均价		6083

s. 石化能源效率 = WITH LOOK UP（Time，（2011，0.7），（2012，0.73），（2013，0.68），（2014，0.75）（2015，0.80），（2016，0.75），（2017，0.66），（2018，0.73），（2019，0.81），（2020，0.89）），单位：Dmnl。（石化能源效率是一个表函数）

t. 电力能源效率 = WITH LOOK UP（Time，（2011，0.65），（2012，0.73），（2013，0.83），（2014，0.87），（2015，0.61），（2016，0.76），（2017，0.72），（2018，0.79），（2019，0.68），（2020，0.71）），单位：Dmnl。（电力能源效率是一个表函数）

u. INITIAL TIME = 2011

FINAL TIME = 2020

TIME STEP = 1

Units for Time：year

6.2.2　模型政策模拟和运行结果分析

在农产品冷链物流企业碳减排的系统反馈基模和系统动力学模型的基础上，导入碳减排对策，构建带有人为调控策略的系统动力学模型，并以××冷链物流公司的实证调研数据为例，将仿真方程及调研数据的值输入到系统动力学软件 Vensim 中，进行系统仿真模拟分析，通过对策调整（参数调控）来获得不同对策环境下的仿真模拟结果，通过比较分析，寻求最佳的冷链物流企业碳减排的对策。具体碳减排策略仿真方案如图 6.6 所示。

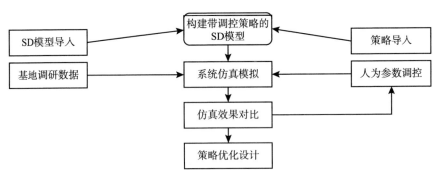

图 6.6　碳减排策略仿真方案

1. 模型运行结果分析

系统动力学模型模拟仿真是指根据系统流程图的模型方程，在计算机动态仿真计算中运用系统动力学软件，对流位变量、辅助变量和流率变量进行计算。并绘制出变化趋势的图形，根据现状条件下的各参数赋值，得到了 2011—2020 年的农产品冷链物流 CO_2 排放量的模拟结果。模型中主要变量的运行结果如图 6.7 ~ 图 6.9 所示。

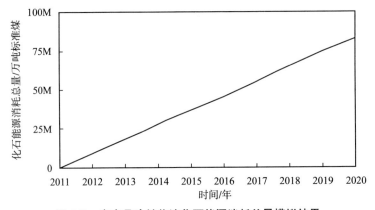

图 6.7　农产品冷链物流化石能源消耗总量模拟结果

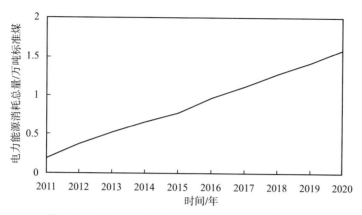

图 6.8　农产品冷链物流电力能源消耗总量模拟结果

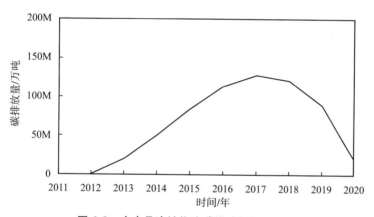

图 6.9　农产品冷链物流碳排放量模拟结果

从以上结果可以看出假如征收碳排放税 10 元/吨，农产品冷链物流 CO_2 在 2017 年左右达到顶峰，大概为 125M 万吨。之后冷链物流 CO_2 排放量总量呈现下降趋势。

2. 政策模拟

（1）碳税效果模拟。以上是基于基准情景数据的模拟分析，如果企业采用不同运输方式和资金投入政策将对农产品冷链物流的碳排放产生明显的影响。为了分析不同情境下的排放状况，模型选取了一些对 CO_2 排放具有较大影响的变量作为政策变量。改变这些变量将对未来的排放情景产生不同的排放效果。为了探求不同政策变量的减排效果，针对碳税变量做一次模拟。具体的变量选择方案为保持其他条件不变的情况下把碳税征收从 10 元/吨改为 30 元/吨，模拟效果如图 6.10 所示。由此可见，企业的碳排放量随碳税的增加而略有降低，说明增加碳税在一定程度上可以引导企业更规范冷链物流作业，从而减少碳排放量。但是在减排的过程综合考虑经济发展与减排的矛盾，所以需要政府在宏观上把握。

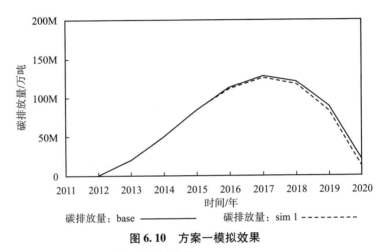

图 6.10　方案一模拟效果

注：base 代表原方案，sim 1 代表改变碳税方案。

（2）技术资金效果模拟。低碳技术直接影响冷链物流过程中的 CO_2 的排放量，而技术资金的投入是决定低碳技术水平的重要因素，所以针对技术资金投入做一次模拟。具体的变量选择方案为保持其他条件不变的情况下将技术资金投入比例由 0.6 变为 0.5，模拟效果如图 6.11 所示。从图中可以看出，技术资金投入比例降低，碳排放总量较原模型有所增加，且增加幅度较大，说明低碳技术资金投入的增加能减少碳排放量，从而减少 CO_2 的排放。

（3）运输方式效果模拟。不同的运输方式所消耗的能源强度也有所不同，方案三针对运输方式比重做一次模拟。具体的变量选择方案为保持其他条件不变的情况下将运输方式从公路∶铁路∶航空 =4∶3∶3 改为公路∶铁路∶航空 =3∶4∶3 和公路∶铁路∶航空 =3∶3∶4，模拟效果分别如图 6.12（a）和图 6.12（b）所示。从图中可以看出，增加铁路运输的比重可减少 CO_2 的排放量，而增加航空运输的比重则会导致碳排放量较之前有明显的增加。

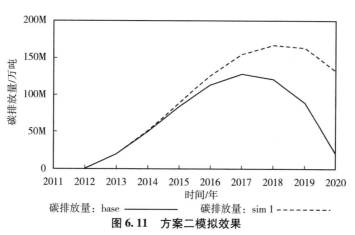

图 6.11　方案二模拟效果

注：base 代表原方案，sim 1 代表改变技术资金占比方案。

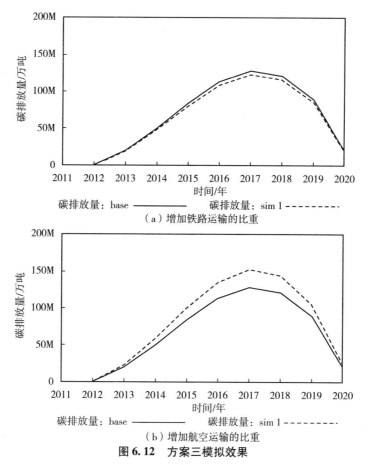

（a）增加铁路运输的比重

（b）增加航空运输的比重

图 6.12　方案三模拟效果

注：base 代表原方案，sim 1 代表改变运输方式占比方案。

6.3 农产品冷链物流碳减排的策略建议

6.3.1 低碳政策引导

目前，全球倡导绿色循环和低碳发展，越低碳的产品越具有市场竞争力。国际上诸多行业协会开始实施产品的碳标识政策，包括产品在生产、加工、运输和销售等环节的碳排放量标注，因此低碳产品具有更强的市场竞争力。碳税是控制 CO_2 排放的重要手段，也直接影响企业的农产品冷链物流的能耗与碳税成本。过低的碳税不利于缓解经济高速发展与环境效益的矛盾，而碳税设置过高又会打击企业发展农产品冷链物流的积极性。因此，国家需综合考虑经济发展与减排的矛盾，合理设置碳税，引导企业自觉发展低碳农产品冷链物流。

6.3.2 低碳技术运用

技术是实现效益的根本保障，只有大力研发高新技术，改变耗能大的能源利用方式，才能从根本上解决碳排放量剧增的难题。而低碳经济的发展，关键是技术创新，而技术的创新需要资金投入的保障。因此，在低碳技术应用方面，企业应加大低碳资金投入以引进相关技术，定期更换落后设备，如低碳型冷库建设技术、低碳型运输配送设备、高效低碳型装卸搬运设备、高效低碳型制冷设备等，提高设备的能源效率；在低碳技术发展方面，提高农产品的预冷及加工处理能力，同时提高运输技术水平，降低运输工具的返程空载率，以提高其能源利用效率。

6.3.3 低碳运营管理

目前，市场竞争日趋激烈，如何更好地经营和管理适应市场需求，成为企业生存和发展的突出问题，管理水平对冷链物流企业经营过程的重要性不言而喻。因此，企业在管理优化方面，应优化冷链物流协同化网络、协同化作业管理和设计低碳作业激励机制。一是提高低碳意识，设计作业激励机制以倡导企业物流人员低碳作业，提高低碳运营效率，改善冷链物流网络不健全、断裂和分布不均等问题。二是通过系统分析影响协同化网络重构的主要因素及其存在的问题，优化和重构冷链物流网络结构，提高协同化作业管理水平，以减少区域农产品冷链物流碳排放增加的因素影响。

6.3.4　低碳作业优化

作业方式是影响碳排放的重要因素，企业在作业优化方面，应找出冷链物流作业过程中存在的一些效率低下、能源浪费等不合理的作业方式，主要可从运输、仓储、销售三方面入手。

1. 运输环节

运输是冷链系统中造成碳排放的主要环节，如何选择运输方式对冷链物流的合理化至关重要。提高运输子系统的经济效益对于降低企业物流成本、增加利润具有重大意义。企业常用运输方式中，铁路的耗能量较少，而同等条件下公路和航空方式消耗的能源量更多，各种不同交通工具单位运输碳排放量见表6.3。

表6.3　　　　　　　　　　　不同运输方式的碳排放量

运输方式	碳排放量克/(人·公里)
铁路—柴油	74
铁路—电动	54
铁路—平均	61
汽车	106
航空	231

因此，在农产品冷链物流运输环节中，应不断改善运输结构，在产品不易腐损和运输里程较长的条件下，尽可能地选择铁路运输，减少公路运输和航空运输占比，同时应充分了解农产品从产地到供应地的运输线路，合理选择运输方式，发展多式联运服务。此外，应尽量降低农产品的单位运输距离，减少碳排放量。

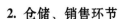
2. 仓储、销售环节

随着经济的快速发展，我国农产储藏保鲜技术迅速发展，不断改善的物流环境使得农产品冷链物流的发展愈来愈好。仓储是冷链物流的重要环节之一，减少仓储环节碳排放量的工作至关重要。因此，企业必须科学合理地进行冷链物流园区布局，选出最优的冷库数量和选址方案，打造低碳物流园区实现仓储作业的低碳化。

销售子系统也是冷链系统中造成碳排放的主要环节，企业应畅通营销渠道以避免农产品长时间的堆积库存而引起的碳排放量增加。零售商也应合理优化冷库布局，发展"农超对接"模式，尽可能地减少作业能耗和碳排放量。

6.4 本章小结

冷链的特点是"冷"，而灵魂在于"链"。而农产品冷链物流低碳化发展系统是涉及物流、经济、环境、能源的复杂大系统，其包含加工、运输、仓储、销售四个子系统，各个子系统中的要素相互联系及作用。本章采用系统动力学的方法，在微观层面对企业冷链运输、冷库储存和冷链销售三个子系统碳排放影响因素分析的基础上，构建了各子系统的碳减排的系统反馈基模，通过对这些模型的反馈基模分析和讨论，对模型的运行规律进行分析和总结，并利用人为导入政策调控的研究方法，来预测不同调控参数下模型的运行结果，以模拟调控政策的效果，进而从四个方面提出可行性策略建议。本章主要研究对象为微观农产品冷链物流企业，在收集数据及相关变量关系方面可能存在模糊性，且忽略了冷链加工过程的碳排放，具有一定局限性，希望在以后的项目中能对该部分进行更为细致谨慎的研究。

第7章
研究结论及不足与展望

7.1 研究结论

本书主要从微观层面来研究农产品冷链物流企业碳减排的机理、路径与减排策略等现实问题，通过全书的研究，可以得出以下几个主要研究结论。

（1）在农产品冷链物流整个生命周期中，碳排放量占比第一的是冷库冷藏环节，且随着农产品的平均销售时间增长，对应的冷库冷藏时间会增加，冷库耗能产生的碳排放也会随之增加；碳排放量占比第二的则是订单总配送环节，该环节的碳排放主要是由于使用冷藏车辆进行运输和配送消耗的能源产生的，因此运输距离较远，或是冷藏车辆不够节能都会使碳排放量增加。

（2）农产品冷链物流碳排放主要受能源消耗总量的直接影响，能源消耗总量主要由运输距离和运输方式直接影响，其中运输距离是拉动能源消耗总量的主要原因，同时也是间接影响农产品冷链物流碳排放主要因素之一；而运输方式对能源消耗总量的直接影响较小，但是对农产品冷链物流的碳排放仍然存在一定的间接影响。

（3）科学管理和技术性减排是农产品冷链物流碳减排的有效路径，通过对大数据和物联网技术的应用，能优化冷链物流决策，减少无效物流活动，降低物流能源消耗，减少碳排放量；同时，通过对物流作业的精益化管理，缩短仓储时间，减少浪费，可以实现碳减排目的。

（4）技术性减排能降低冷链物流的碳排放，但低碳技术的采纳受到冷链物流企业技术优势、技术成本、投资回报、企业能力、企业管理、企业管理者、外部竞争、市场影响和政府支持这 9 个主要因素的影响。

（5）通过对农产品生产企业、物流企业和消费者三方主体低碳行为演化的过程和影响因素进行分析，可以得出：消费者对超低碳产品的购买意愿越强烈，农产品生产企业和物流企业低碳行为的比例就越高；随着消费者购买低碳产品的数量的增加，农产品生产企业和物流企业的低碳行为也得到了整体提升，但增长幅度明显低于消费者购买超低碳产品的情况；消费者对高碳产品的消费越高，农产品生产企业和物流企业的低碳行为比例会降低；提高农产品生产企业的单位低碳成本会造成消费者购买低碳产品的意愿降低，而物流企业低碳行为的比例提高；提高物流企业的单位低碳成本，消费者购买低碳产品的意愿会下降，而农产品生产企业的低碳行为比例会提高。

7.2　研究不足与展望

由于农产品冷链物流碳排放系统的复杂性，受知识、时间和资源的限制，有些数据和模型进行了简化处理，并且有些内容还未能全面、深入、系统地进行研究。这些问题将在后续的研究中进一步展开，尤其是以低碳标杆的农产品冷链物流企业为研究对象进行探索性研究，将使研究更具应用价值。

参 考 文 献

［1］段向云. 物流服务低碳化运营机制研究［M］. 杭州：浙江大学出版社，2014.

［2］张立国. 中国物流业能源消耗与二氧化碳排放效率测度及分析［D］. 南京：南京航空航天大学，2015.

［3］樊星. 中国碳排放测算分析与减排路径选择研究［D］. 沈阳：辽宁大学，2013.

［4］IPCC. 2006 *IPCC Guidelines for National Greenhouse Gas Inventories*［EB/OL］.（2006）.［2019 – 04 – 26］. http：//www. ipcc – nggip. Iges. or. jp/public/2006gl/index. html.

［5］陈红敏. 国际碳核算体系发展及其评价［J］. 中国人口·资源与环境，2011，21（9）：111 –116.

［6］刘竹，耿涌，薛冰，等. 城市能源消费碳排放核算方法［J］. 自然资源科学，2011（7）：1325 –1330.

［7］孙建卫，赵荣钦，黄贤金，等. 1995—2005 年中国碳排放核算及其因素分解研究［J］. 自然资源学报，2010（8）：1284 –1295.

［8］Peter C. , Fiore A. , Hagemann U. , et al. Improving the accounting of field emissions in the carbon footprint of agricultural products：a comparison of default IPCC methods with readily available medium-effort modeling approaches［J］. *The International Journal of Life Cycle Assessment*，2016（21）：791 –805.

［9］李肖如，谢华生，寇文，王文美，张宁. 钢铁行业不同二氧化碳排放核算方法比较及实例分析［J］. 安全与环境学报，2016（5）：320 –324.

［10］王海鲲，张荣荣，毕军. 中国城市碳排放核算研究——以无锡市为例［J］. 中国环境科学，2011（6）：1029 –1038.

［11］沈杨，胡元超，施亚岚，等. 城市酒店业的碳排放核算及低碳指标

分析 [J]. 环境科学学报, 2017 (3): 1193 - 1200.

[12] 史祎馨. PAS 2050 规范下物流服务碳足迹研究 [J]. 物流工程与管理, 2014 (5): 105 - 106.

[13] Sen P K. CO_2 Accounting and Abatement: An Approach for Iron and Steel Industry [J]. *Transactions of the Indian Institute of Metals*, 2013 (66): 711 - 721.

[14] 冯文艳, 吴雄英, 丁雪梅. LCA 分配方法在纺织服装碳足迹核算中的应用 [J]. 印染, 2014 (13): 39 - 42.

[15] Liptow C., Janssen M., Tillman A. M. Accounting for effects of carbon flows in LCA of biomass-based products-exploration and evaluation of a selection of existing methods [J]. *The International Journal of Life Cycle Assessment*, 2018 (22): 1 - 16.

[16] 余艳春, 邵春福, 董威. 情景分析法在交通规划中的应用研究 [J]. 武汉理工大学学报, 2007 (2): 304 - 307.

[17] 娄伟, 李萌, 董威. 情景分析法在能源规划研究中的应用 [J]. 中国电力, 2012 (10): 17 - 21.

[18] 朱婧, 刘学敏. 能源活动碳排放核算与减排政策选择 [J]. 中国人口·资源与环境, 2016 (7): 70 - 75.

[19] 曾忠禄, 张冬梅. 不确定环境下解读未来的方法: 情景分析法 [J]. 情报杂志, 2005 (5): 14 - 16.

[20] 于红霞, 钱荣. 解读未来发展不确定性的情景分析法 [J]. 未来与发展, 2006 (2): 12 - 15.

[21] 宗蓓华. 战略预测中的情景分析法 [J]. 预测, 1994 (2): 50 - 51, 55.

[22] 赵捧莲, 杨来科, 闫云凤. 中国碳排放的影响因素及测算: 模型比较及文献述评 [J]. 经济问题探索, 2012 (2): 131 - 136.

[23] 国家发展和改革委员会能源研究所课题组. 中国 2050 年低碳发展之路: 能源需求暨碳排放情景分析 [M]. 北京: 科学出版社, 2009.

[24] Leontief W., Ford D.. *Air pollution and the economic structure: empirical results of input-output computations* [C]. Paper presented at Fifth International Conference on Input - Output Techniques, January, Geneva, Switzerland, 1971.

[25] Grossman G. M., Krueger A. B.. Environmental impacts of a North American free trade agreement [J]. *NBER Working paper*, 1991: 3914.

［26］ Casler D. D. , Rose A. . Carbon Dioxide Emissions in the U. S. Economy：A Structural Decomposition Analysis ［J］. *Environmental and Resource Economics*，1998（3）：349 – 363.

［27］ Chen Y. Y. , Wu J. H. Simple Keynesian input-output structural decomposition analysis using weighted Shapley value resolution ［J］. *The Annuals of Regional Science*，2008（4）：879 – 892.

［28］ 闫云凤，杨来科，张云，等. 中国 CO_2 排放增长的结构分解分析 ［J］. 上海立信会计学院学报，2010（5）：83 – 89.

［29］ Xia Y. , Yang C. H. , Chen X. K. . Structural decomposition analysis on China's energy intensity change for 1987 – 2005 ［J］. *Journal of Systems Science & Complexity*，2012（1）：156 – 166.

［30］ Akpan U. S. , Green O. A. , Bhattacharyya, etc. Effect of Technology Change on CO_2 Emissions in Japan's Industrial Sectors in the Period 1995 – 2005：An Input – Output Structural Decomposition Analysis ［J］. *Environmental and Resource Economics*，2015（2）：165 – 189.

［31］ 周国富，田孟，刘晓琦. 雾霾污染、能源消耗与结构分解分析——基于混合型能源投入产出表 ［J］. 现代财经，2017（6）：3 – 14.

［32］ 王丽萍，刘明浩. 基于投入产出法的中国物流业碳排放测算及影响因素研究 ［J］. 资源科学，2018，40（1）：195 – 206.

［33］ 鲁万波，仇婷婷，杜磊. 中国不同经济增长阶段碳排放影响因素研究 ［J］. 经济研究，2013（4）：106 – 118.

［34］ Gandar J. , Loschky D. . The impact of the Paasche – Laspeyres choice upon econometric results ［J］. *Empirical Economics*，1995（2）：265 – 269.

［35］ 孙慧钧，孙桂娟. Laspeyres 指数与 Paasche 指数进行比较 ［J］. 财产问题研究，1996（10）：57 – 58.

［36］ 黄元生，李慧. 基于 Laspeyres 分解法的东部地区经济增长与碳排放分析 ［J］. 华北电力大学学报，2015（1）：15 – 19.

［37］ 刘晓洁. 贵州省碳排放核算与碳生产率评估研究 ［D］. 贵阳：贵州财经大学，2017.

［38］ 蒋金荷. 中国碳排放量测算及影响因素分析 ［J］. 资源科学，2011，33（4）：597 – 604.

[39] Ang B. W. , Zhang F. Q. . A Survey of Index Decomposition Analysis in Energy and Environmental Studies [J]. *Energy*, 2000, 25 (12): 1149 – 1176.

[40] 姜向亚. 基于 LMDI 模型的我国碳排放影响因素的区域分异研究 [D]. 开封: 河南大学, 2013.

[41] Cahill C. J. , Bazilian M. , Gallachoir B. P. . Comparing ODEX with LMDI to measure energy efficiency trends [J]. *Energy Efficiency*, 2010 (3): 317 – 329.

[42] 顾阿伦, 何崇恺, 吕志强. 基于 LMDI 方法分析中国产业结构变动对碳排放的影响 [J]. 资源科学, 2016 (10): 1861 – 1870.

[43] 杨磊玉. 我国行业碳排放测算、结构分解及影响因素研究 [J]. 统计与决策, 2016 (2): 105 – 108.

[44] 林伯强, 蒋竺均. 中国二氧化碳的环境库兹涅茨曲线预测及影响因素分析 [J]. 管理世界, 2009 (4): 27 – 36.

[45] 刘华军, 闫庆悦, 孙曰瑶. 中国二氧化碳排放的环境库兹涅茨曲线——基于时间序列与面板数据的经验估计 [J]. 中国科技论坛, 2011 (4): 108 – 113.

[46] 宋马林, 王舒鸿. 环境库兹涅茨曲线的中国 "拐点": 基于分省数据的实证分析 [J]. 管理世界, 2011 (10): 168 – 169.

[47] Ehrlich P. R. , Holden J. P. . Impact of population growth [J]. *Science*, 1971: 171.

[48] 姜磊, 季民河. 中国区域能源压力的空间差异分析——基于 STIRPAT 模型 [J]. 区域经济, 2011 (4): 64 – 70.

[49] Diet T, Rosa E A. Rethinking the environmental impacts of population, affluence, and technology [J]. *Human Ecology Review*, 1994 (1): 277 – 300.

[50] 孙敬水, 陈稚蕊, 李志坚. 中国发展低碳经济的影响因素研究——基于扩展的 STIRPAT 模型分析 [J]. 审计与经济研究, 2011 (4): 85 – 93.

[51] 卢娜, 曲福田, 冯淑怡, 等. 基于 STIRPAT 模型的能源消费碳足迹变化及影响因素——以江苏省苏锡常地区为例 [J]. 自然资源学报, 2011 (5): 814 – 824.

[52] 黄蕊, 王铮, 丁冠群, 等. 基于 STIRPAT 模型的江苏省能源消费碳排放影响因素分析及趋势预测 [J]. 地理研究, 2016 (4): 781 – 789.

[53] 马宏伟, 刘思峰, 赵月霞, 等. 基于 STIRPAT 模型的我国人均二氧

化碳排放影响因素分析 [J]. 数理统计与管理, 2015 (2): 243 - 253.

[54] 高凤华. 政府规制下的企业低碳物流技术应用博弈研究 [D]. 济南: 山东大学, 2013.

[55] 骆瑞玲, 范体军, 夏海洋. 碳排放交易政策下供应链碳减排技术投资的博弈分析 [J]. 中国管理科学, 2014, 22 (11): 44 - 53.

[56] 朱庆华, 王一雷, 田一辉. 基于系统动力学的地方政府与制造企业碳减排演化博弈分析 [J]. 运筹与管理, 2014, 23 (3): 71 - 82.

[57] 刘龙政, 潘照安. 中国物流产业碳排放驱动因素研究 [J]. 商业研究, 2012 (7): 189 - 196.

[58] 李创, 昝东亮. 基于 LMDI 分解法的我国运输业碳排放影响因素实证研究 [J]. 资源开发与市场, 2016, 32 (5): 518 - 521.

[59] 杨建华, 高卉杰. 北京城市物流业碳排放及驱动因素研究 [J]. 数学的实践与认识, 2016 (6): 54 - 61.

[60] 金凤花, 马洪伟, 朱培培. 1997—2014 年区域物流碳排放影响因素分析 [J]. 开发研究, 2016 (5): 89 - 92.

[61] 汪欣, 万明. 安徽省物流业碳排放规模及其影响因素研究——基于长三角四省市比较视角 [J]. 安徽大学学报 (哲学社会科学版), 2017, 41 (3): 148 - 156.

[62] 刘渝, 李莱, 宋阳. 中国物流业碳排放影响因素的区域差异 [J]. 资源开发与市场, 2017, 33 (12): 1439 - 1443.

[63] 李顺勇, 但斌, 葛显龙. 多通路时变网络下低碳车辆路径优化模型与算法 [J/OL]. 计算机集成制造系统: 1 - 28. (2018 - 08 - 17) [2018 - 08 - 20]. http://kns. cnki. net/kcms/detail/11. 5946. tp. 20180817. 0934. 002. html.

[64] 周林. 低碳时变城配送车辆路径—发车调度集成优化 [J/OL]. 计算机工程与应用: 1 - 9. (2018 - 09 - 03) [2018 - 09 - 04]. http://kns. cnki. net/kcms/detail/11. 2127. TP. 20180903. 1308. 002. html.

[65] 陈鹏, 谷剑锋, 胡志勇. 考虑低碳的高铁客站新区路网结构优化 [J]. 武汉理工大学学报 (交通科学与工程版), 2018, 42 (4): 544 - 548.

[66] 陈诚, 邱荣祖. 低碳木材物流网络优化中的碳排放测度 [J]. 福建农林大学学报 (自然科学版), 2018, 47 (4): 480 - 486.

[67] 张得志, 贺润中, 祝伟丽, 等. 基于低碳经济视角的多模式快递物流

服务网络优化研究 [J]. 铁道科学与工程学报, 2018, 15 (6): 1601 – 1608.

[68] 杨宁. 考虑碳排放的城市快递配送车辆路径问题优化研究 [D]. 北京: 北京邮电大学, 2018.

[69] 李存兵, 谢林君, 杨金欣. 面向低碳的双层遗传算法烟草物流路径优化 [J]. 烟草科技, 2018, 51 (1): 85 – 92.

[70] 李珍萍, 杨梦月. 基于低碳排放的车辆路径优化问题研究 [J]. 数学的实践与认识, 2017, 47 (11): 44 – 49.

[71] 李伯棠, 赵刚. 碳税影响下再制造物流网络鲁棒优化模型 [J]. 计算机应用研究, 2017, 34 (9): 2670 – 2674.

[72] 崔娥英, 罗俊浩, 季建华. 考虑分段累进碳税的低碳物流网络优化问题研究 [J]. 计算机应用研究, 2016, 33 (7): 1978 – 1982.

[73] 侯跃, 杨斌, 许波桅, 等. 考虑碳交易的多车型运输车辆配送路径优化 [J]. 辽宁工程技术大学学报 (自然科学版), 2015, 34 (5): 647 – 652.

[74] 周程, 王磊, 陶君成. 考虑不同低碳政策影响的物流配送优化决策 [J]. 武汉理工大学学报 (交通科学与工程版), 2015, 39 (3): 479 – 483.

[75] 刘艳秋, 焦妮, 张义华. 基于低碳理念的多级物流网络优化设计 [J]. 沈阳工业大学学报, 2015, 37 (4): 404 – 409.

[76] 康凯, 韩杰, 普玮, 等. 生鲜农产品冷链物流低碳配送路径优化研究 [J/OL]. 计算机工程与应用: 1 – 10. (2018 – 03 – 22) [2018 – 03 – 22]. http://kns.cnki.net/kcms/detail/11.2127.TP.20180322.1359.010.html.

[77] 范立南, 董冬艳, 李佳洋, 等. 基于生鲜农产品的冷链物流配送路径优化 [J]. 沈阳大学学报 (自然科学版), 2017, 29 (2): 125 – 131.

[78] 王智忆, 陆敬筠. 考虑低碳的冷链物流车辆配送路径优化 [J]. 科技管理研究, 2017, 37 (17): 228 – 232.

[79] 姜樱梅, 王淑云, 马雪丽. 基于碳优化的农产品冷链物流体系研究 [J]. 科技管理研究, 2017, 37 (18): 221 – 227.

[80] 肖超, 张立毅, 费腾. 冷链低碳物流配送路径优化的细菌觅食——蚁群算法研究 [J]. 数学的实践与认识, 2017, 47 (21): 98 – 107.

[81] 丁红英. 低碳经济视角的我国农产品逆向物流发展路径优化 [J]. 农业经济, 2015 (11): 133 – 134.

[82] 朱文和. 基于物联网技术实现供应链全过程的智能化物流配送服务

[J]. 物流技术, 2010, 29 (7): 172-173.

[83] 李向文, 韩超. 物联网与绿色物流及低碳经济研究 [J]. 射频世界, 2010, 5 (5): 44-46.

[84] 郭晓莉, 宗颖生. 低碳经济下我国农产品现代物流发展对策 [J]. 中国流通经济, 2012, 26 (6): 41-44.

[85] 马婷, 李芳, 单大亚. 基于物联网技术的食品冷链物流跟踪及追溯问题研究 [J]. 上海理工大学学报, 2013, 35 (6): 557-562.

[86] 张春林, 肖梦云. 信息网络建设对农产品物流的意义研究 [J]. 中国市场, 2013 (34): 9-10, 29.

[87] 卫振林, 孙剑青. 面向中小电商企业城市共同配送模式探讨 [J]. 北京交通大学学报 (社会科学版), 2015, 14 (1): 104-110.

[88] 刘永清. "互联网+" 战略下家电逆向物流营销模式的变革 [J]. 中国流通经济, 2015, 29 (6): 30-35.

[89] 耿会君. 基于O2O的废旧手机绿色物流模式研究 [J]. 生态经济, 2015, 31 (9): 105-109.

[90] 陈庆. "互联网+" 下现代物流业低碳发展路径研究 [J]. 商业故事, 2015 (27): 98-99.

[91] 林海萍. 大数据时代电子行业实施绿色供应链管理研究 [J]. 物流科技, 2015, 38 (6): 129-131.

[92] 李蓉蓉, 邱林润. 基于物联网的智能冷链物流关键技术研究 [J]. 电子技术与软件工程, 2016 (9): 27.

[93] 童燕军. 基于物联网的低碳物流研究 [J]. 中国储运, 2016 (2): 112-114.

[94] Michele De Gennaroa, Elena Paffumi, Giorgio Martini. Big Data for Supporting Low-Carbon Road Transport Policies in Europe: Applications, Challenges and Opportunities [J]. *Big Data Research*, 2016 (6): 11-25.

[95] Arghavan Louhghalam, Mehdi Akbarian, Franz-Josef Ulm. Carbon management of infrastructure performance: Integrated big data analytics and pavement-vehicle-interactions [J]. *Journal of Cleaner Production*, 2017, 142 (2): 956-964.

[96] Woensel T. V., Creten R., Vandaele N. Managing the Environmental

Externalities of Traffic Logistics: The Issue of Emissions [J]. *Production and Operations Management*, 2001 (10): 207 – 223.

[97] Palmer A.. *An Integrated Routing Model to Estimate Carbon Dioxide Emissions from Freight Vehicles* [C]. Logistics Research Network 2007 Conference Proceedings, University of Hull, Hull. 2007: 27 – 32.

[98] Ubeda S., Arcelus F. J., Faulin J.. Green Logistics at Eroski: A Case Study [J]. *International Journal of Production Economics*, 2010 (3): 1 – 8.

[99] Piecyk M. I., McKinnon A. C.. Forecasting the Carbon Footprint of Road Freight Transport in 2020 [J]. *International Journal of Production Economics*, 2009 (9): 1 – 12.

[100] Hickman R., Ashiru O., Banister D.. Transport and Climate Change: Simulating the Options for Carbon Reduction in London [J]. *Transport Policy*, 2010, 17 (2): 110 – 125.

[101] 王晓华. 基于 LEAP 模型的北京市物流发展对节能减排影响研究 [D]. 北京: 北京交通大学, 2009.

[102] 温宗国, 李瑞娟, 黄丽雅, 等. 中国公路交通系统的物质代谢分析 [J]. 清华大学学报 (自然科学版), 2009, 49 (9): 84 – 87.

[103] 朱松丽. 北京、上海城市交通能耗和温室气体排放比较 [J]. 城市交通, 2010, 8 (3): 58 – 63.

[104] 孙玮珊, 杨斌. 基于模糊数学的不确定性绿色物流网络设计 [J]. 合肥工业大学学报 (自然科学版), 2014, 37 (5): 624 – 630.

[105] 钟聪儿, 邱荣祖. 综合考虑碳排放与运输费用的配送路径优化 [J]. 数学的实践与认识, 2016, 46 (21): 89 – 94.

[106] Nordhaus W. D.. Optimal Greenhouse – Gas Reductions and Tax Policy in the "DICE" Model [J]. *American Economic Review*, 1992, 83 (2): 313 – 317.

[107] Baranzini A., Goldemberg J., Speck S.. A Future for Carbon Taxes [J]. *Ecological Economics*, 2000, 32 (3): 395 – 412.

[108] Bruvoll A., Larsen B. M.. Greenhouse – Gas Emissions in Norway: Do Carbon Taxes Work [J]. *Energy Policy*, 2004, 32 (4): 493 – 505.

[109] Lee C. F., Lin S. J., Chang Y. F.. Effects of Carbon Taxes on Different Industries by Fuzzy Goal Programming: A Case Study of the Petrochemical-relat-

ed Industries, Taiwan [J]. *Energy Policy*, 2007, 35 (8): 4051 – 4058.

[110] Metcalf G. E., Weisbach D.. The Design of A Carbon Tax [J]. *Harvard Environmental Law Review*, 2009, 33 (2): 499.

[111] Meng S., Siriwardana M., Mcneill J. The Environmental and Economic Impact of Carbon Tax in Australia [J]. *Environmental and Resource Economics*, 2013, 54 (3): 313 – 332.

[112] Yusuf A. A., Resosudarmo B. P.. On the distributional impact of a carbon tax in developing countries: the case of Indonesia [J]. *Environmental Economics and Policy Studies*, 2015, 17 (1): 131 – 156.

[113] Lee S., Chewpreecha U., Pollitt H., Kojima S.. An economic assessment of carbon tax reform to meet Japan's NDC target under different nuclear assumptions using the E3ME model [J]. *Environmental Economics and Policy studies*, 2018, 20 (2): 411 – 429.

[114] 王金南, 严刚, 姜克隽, 等. 应对气候变化的中国碳税政策研究 [J]. 中国环境科学, 2009, 29 (1): 101 – 105.

[115] 陈诗一. 节能减排与中国工业的双赢发展: 2009—2049 [J]. 经济研究, 2010 (3): 131 – 143.

[116] 杨超, 王锋, 门明. 征收碳税对二氧化碳减排及宏观经济的影响分析 [J]. 统计研究, 2011, 28 (7): 45 – 54.

[117] 周晟吕, 石敏俊, 李娜, 等. 碳税政策的减排效果与经济影响 [J]. 气候变化研究进展, 2011, 7 (3): 210 – 216.

[118] 林伯强, 刘希颖, 邹楚沅, 等. 资源税改革: 以煤炭为例的资源经济学分析 [J]. 中国社会科学, 2012 (2): 58 – 78.

[119] 娄峰. 碳税征收对我国宏观经济及碳减排影响的模拟研究 [J]. 数量经济技术经济研究, 2014, 32 (10): 84 – 96, 109.

[120] 刘宇, 肖宏伟, 吕郢康. 多种税收返还模式下碳税对中国的经济影响——基于动态 CGE 模型 [J]. 财经研究, 2015, 41 (1): 35 – 48.

[121] 吴士健, 孙向彦, 杨萍. 双重治理体制下政府碳排放监管博弈分析 [J]. 中国人口·资源与环境, 2017, 27 (12): 21 – 30.

[122] Stavins R. N.. Transaction Costs and Tradeable Permits [J]. *Journal of Environmental Economics and Management*, 1995, 29 (2): 133 – 148.

［123］Christiansen A. C., Arvanitakis A., Tangen K., etc. Price Deter-minants in the EU Emissions Trading Scheme ［J］. *Climate Policy*, 2005, 5 (1): 15 – 30.

［124］Stranlund J. K.. The Regulatory Choice of Noncompliance in Emissions Trading Programs ［J］. *Environmental and Resource Economics*, 2007, 38 (1): 99 – 117.

［125］Perdan S., Azapagic A.. Carbon Trading: Current Schemes and Future Developments ［J］. *Energy Policy*, 2011, 39 (10): 6040 – 6054.

［126］Venmans F.. A Literature – based Multi – criteria Evaluation of The EU ETS ［J］. *Renewable and Sustainable Energy Reviews*, 2012, 16 (8): 5493 – 5510.

［127］Nazifi F.. Modelling the Price Spread between EUA and CER Carbon Prices ［J］. *Energy Policy*, 2013 (56): 434 – 445.

［128］Gulbrandsen L. H., Stenqvist C.. The Limited Effect of EU Emissions Trading on Corporate Climate Strategies: Comparison of A Swedish and A Norwegian Pulp and Paper Company ［J］. *Energy Policy*, 2013 (56): 516 – 525.

［129］汤铃, 武佳倩, 戴伟, 等. 碳交易机制对中国经济与环境的影响 ［J］. 系统工程学报, 2014, 29 (5): 701 – 712.

［130］任松彦, 戴瀚程, 汪鹏, 等. 碳交易政策的经济影响: 以广东省为例 ［J］. 气候变化研究进展, 2015, 11 (1): 61 – 67.

［131］Aldy J. E., Krupnick A. J., Newell R. G., et al. *Designing Climate Mitigation Policy* ［R/OL］. National Bureau of Economic Research Working Paper, http: //www. nber. org/papers/w15022. pdf. 2009, 7.

［132］Cháve C. A., Villena M. G.. Stranlund J. K.. The Choice of Policy In-struments to Control Pollution Under Costly Enforcement and Incomplete Information ［J］. *Applied Economics*, 2009, 12 (2): 207 – 227.

［133］刘小川, 汪曾涛. 二氧化碳减排政策比较以及我国的优化选择 ［J］. 上海财经大学学报, 2009, 11 (4): 73 – 80, 88.

［134］石敏俊, 袁永娜, 周晟吕, 等. 碳减排政策: 碳税、碳交易还是两者兼之? ［J］. 管理科学学报, 2013, 16 (9): 9 – 19.

［135］高杨, 李健. 考虑成本效率的碳减排政策工具最优选择 ［J］. 系统

工程，2014，32（6）：119-125.

［136］吴立波，钱浩祺，汤维祺. 基于动态边际减排成本模拟的碳排放权交易与碳税选择机制［J］. 经济研究，2014（9）：48-61，148.

［137］魏庆坡. 碳交易与碳税兼容性分析——兼论中国减排路径选择［J］. 中国人口·资源与环境，2015，25（5）：35-43.

［138］赵黎明，殷建立. 碳交易和碳税情景下碳减排二层规划决策模型研究［J］. 管理科学，2016，29（1）：137-146.

［139］Wackernagel M.，Rees W.. *Our ecological footprint：reducing human impact on the earth*［M］. Gabriola Island：New Society Publishers，1996.

［140］Wiedmann T.，Minx J.. A definition of 'carbon footprint'［J］. *Ecological economics research trends*，2007（2）：55-65.

［141］Weber C.，Perrels A.. Modelling lifestyle effects on energy demand and related emissions［J］. *Energy Policy*，2000，28（8）：549-566.

［142］Nelson R. G.，Hellwinckel C. M.，Brandt C. C.，et al. Energy Use and Carbon Dioxide Emissions from Cropland Production in the United States，1990—2004［J］. *Journal of Environmental Quality*，2009，38（2）：418-425.

［143］Dubey A.，Lal R.. Carbon Footprint and Sustainability of Agricultural Production Systems in Punjab，India and Ohio，USA［J］. *Journal of Crop Improvement*，2009（23）：332-350.

［144］刘倩晨. 考虑碳排放的冷链物流研究［D］. 北京：清华大学，2010.

［145］黄文强. 畜禽产品碳足迹研究进展与分析［J］. 中国农业科学学报，2015，48（1）：93-111.

［146］邢芳芳. 北京终端能源碳消费清单与结构分析［J］. 环境科学，2007，28（9）：1918-1922.

［147］曹华军. 基于生命周期评价的机床生命周期碳排放评估方法及应用［J］. 计算机集成制造系统，2011，17（11）：2432-2437.

［148］王效琴，梁东丽. 运用生命周期评价方法评估奶牛养殖系统温室气体排放量［J］. 农业工程学报，2012，28（13）：179-184.

［149］方恺. 足迹家族：研究现状、问题与展望［J］. 生态学报，2015，35（24）：1-13.

［150］魏艳楠. 城市客运交通碳足迹测算及影响因素分析［D］. 广州：华南理工大学，2015.

［151］董雪. 国内外碳足迹计算方法、评估标准及研究进展［A］. 中国林业经济学会技术经济专业委员会会议论文集［C］. 中国林业经济学会技术经济专业委员会、中国技术经济学会林业技术经济专业委员会，2012.

［152］许伦辉，魏艳楠. 交通领域碳足迹研究综述［J］. 交通信息安全，2014，32（188）：1 - 7.

［153］British Standards Institution. PAS 2050：2008 Specification for the assessment of the life cycle greenhouse gas emissions of goods and services［S/OL］. 2008［2019 - 04 - 28］. http：//www. bsigroup. com.

［154］蔡依平. 基于生命周期评估的冷链物流碳足迹计算［J］. 物流技术，2015，34（1）：120 - 123.

［155］张诚. 低碳经济下物流碳足迹动态预测研究——基于2004—2012年30省市面板数据［J］. 科技管理研究，2015（24）：211 - 215.

［156］秦玉鸣. 中国冷链物流发展报告［M］. 北京：中国财富出版社，2014.

［157］谢晶，邱伟强. 我国食品冷藏链的现状及展望［J］. 中国食品学报，2013，13（3）：1 - 7.

［158］马越越，王维国. 中国物流业碳排放特征及其影响因素分析——基于 LMDI 分解技术［J］. 数学的实践与认识，2013，43（10）：31 - 42.

［159］Yu Z. H.. *Two Strategies of Reverse Logistics about the Wholesaler in Supply Chain in B2B E - commerce*［A］. The 6th International Conference on Material Handling，2008.

［160］Poritosh Roy，Daisuke Nei，Hiroshi Okadome，et al. Life Cycle Inventory Analysis of Fresh Tomato Distribution Systems in Japan Considering the Quality Aspect［J］. *Journal of Food Engineering*，2008，86（2）：225 - 233.

［161］Ship and Ocean Foundation. *A Report on Research Concerning the Reduction of CO_2 Emission from Vessels*［R］. 2001.

［162］黄欣. 冷藏链中易腐食品冷藏运输品质安全与能耗分析［D］. 长沙：中南大学，2011.

［163］Duiven J. E.，Binard P.. Refrigerated Storage：New Development［J］.

Bulletin of the IIR，2002（2）：2 - 16.

［164］杨波. 精益物流管理的理论和方法研究［D］. 武汉：武汉理工大学，2002.

［165］张磊. 我国农产品冷链运行模式研究［D］. 石家庄：河北经贸大学，2011.

［166］丁丽芳，李波. 精益物流管理在农产品供应链中的应用［J］. 中国流通经济，2013（6）：35 - 39.

［167］战书彬，王丹，郭海红. 农产品精益物流发展的问题与对策［J］. 科技创业月刊，2007（11）：109 - 110.

［168］许菱，冯训阳. 基于精益思想的江西农产品冷链物流优化研究［J］. 中国商贸，2013（28）：24 - 28.

［169］任双. 有机农产品冷链物流的精益管理模式研究［J］. 商，2015（36）：260.

［170］顾英男. 基于精益思想的农产品冷链物流的研究［D］. 大连：大连交通大学，2010.

［171］周叶，王道平，赵耀. 中国省域物流作业的 CO_2 排放量测评及低碳化对策研究［J］. 中国人口·资源与环境，2011（9）：81 - 87.

［172］Gustavo M.，Ugarte a，c，etc. Lean versus green：The impact of lean logistics on greenhouse gas emissions in consumer goods supply chains［J］. *Journal of Purchasing & Supply Management*，2016（22）：98 - 109.

［173］梁红波. 云物流和大数据对物流模式的变革［J］. 中国流通经济，2014，28（5）：41 - 45.

［174］邱晗光，徐志花，陈久梅. 大数据支撑下基于公共配送中心的城市配送流程改进研究［J］. 物流技术，2014，33（13）：408 - 410.

［175］郭双盈，陈明晶，沈狄昊. 大数据在冷链物流中的应用［J］. 商场现代化，2014（9）：40 - 42.

［176］Ankit Deepak，Singh Jain，Ishant Mehta，et al. Application of Big Data in Supply Chain Management［J］. *Materials Today：Proceedings*，2017，4（14）：12471 - 12730.

［177］杨建亮，侯汉平. 冷链物流大数据实时监控优化研究［J］. 科技管理研究，2017，37（6）：198 - 203.

[178] 王宇，赵彩秀，徐自田. 大数据时代下农产品冷链物流一体化模式研究 [J]. 中国商论，2017 (35)：17 – 18.

[179] Sunil Tiwaria, H. M. Wee, Yosef Daryanto. Big data analytics in supply chain management between 2010 and 2016: Insights to industries [J]. *The Journal of Strategic Information Systems*, 2018 (115)：319 – 330.

[180] 邱玉莲，罗欢. 大数据环境下钢铁企业物流成本核算研究 [J]. 会计之友，2018 (1)：25 – 27.

[181] 刘越. 云计算综述与移动云计算的应用研究 [J]. 信息通信技术，2010，4 (2)：14 – 20.

[182] Henrik Hammar, Asa Löfgren. Explaining adoption of end of pipe solutions and clean technologies – Determinants of firms' investments for reducing emissions to air in four sectors in Sweden [J]. *Energy Policy*, 2010 (38)：3644 – 3651.

[183] Eugene A. Moharebn, Christopher A. Kennedy. Scenarios of technology adoption towards low-carbon cities [J]. *Energy Policy*, 2014 (66)：685 – 693.

[184] Owen, Mitchell, Gouldson. Unseen influence – The role of low carbon retrofit advisers and installers in the adoption and use of domestic energy technology [J]. *Energy Policy*, 2014 (73)：169 – 179.

[185] Timothy J. Foxon. A coevolutionary framework for analysing a transition to a sustainable low carbon economy [J]. *Ecological Economics*, 2011, 70 (12)：2258 – 2267.

[186] 孙滔. 低碳技术——低碳经济的核心竞争力 [J]. 河南经济，2010 (8)：1 – 2.

[187] 尹立新. 低碳经济下的农产品物流模式探析 [J]. 黑龙江对外经贸，2011 (4)：86 – 87.

[188] 庄汉. 低碳技术产业化的法律促进机制探析——以低碳产业园区建设为视角 [J]. 南京工业大学学报（社会科学版），2010 (12)：24 – 25.

[189] 周五七，聂鸣. 中国低碳技术创新企业专利战略研究 [J]. 情报杂志，2010 (6)：21 – 23.

[190] 徐升权. 低碳技术领域专利制度的创新 [J]. 中国科技论坛，2010 (10)：28 – 30.

[191] 徐建中，徐莹莹. 基于演化博弈的制造企业低碳技术采纳决策机

制研究 [J]. 运筹与管理, 2014 (10): 265 - 272.

[192] 汪旭晖, 张其林. 鲜活农产品冷链物流中物联网采纳的影响因素——拓展 TAM 模型视角下冷链相关企业的经验证据 [J]. 财贸研究, 2015 (6): 5 - 7.

[193] Davies C.. Organizational influences on the university electronic library [J]. *Information Processing and Management*, 1997, 33 (3): 377 - 392.

[194] Rogers. *Everett M. Diffusion of innovations* [M]. New York: The Free Press, 1995.

[195] Venkatesh.. Bala. Technology acceptance model 3 and a research agenda on interventions [J]. *Decision Sciences*, 2008, 39 (2), 273 - 315.

[196] Tornatzky L. G., F. leischer M.. *The Processes of Technological Innovation* [M]. Lexington, Massachusetts: Lexington Books, 1990.

[197] Lin L. C.. An integrated framework for the development of radio frequency identification technology in the logistics and supply chain management [J]. *Computers & Industrial Engineering*, 2009, 57 (3): 832 - 842.

[198] Whitaker J., Mithas S., Krishnan M. S.. A Field Study of RFID Deployment and Return Expectations [J]. *Production and Operations Management Society*, 2007, 16 (5): 599 - 611.

[199] 颜波, 向伟, 石平. 农产品供应链中物联网技术采纳的影响因素分析 [J]. 科技与经济, 2013 (3): 22 - 26.

[200] 朱立志, 赵鱼. 沼气的减排效果和农户采纳行为影响因素分析 [J]. 中国人口·资源与环境, 2012, 22 (4): 35 - 39.

[201] 张领先, 张标, 范双喜, 等. 设施蔬菜信息技术采纳行为与推广扩散机制分析 [J]. 科技管理研究, 2015 (12): 179 - 182.

[202] 郭跃华, 苏翔. 企业创新采纳决策实证研究 [J]. 管理评论, 2005 (11): 47 - 49.

[203] Barari, S.. Agarwal, G.. (Chris) Zhang, W., etc. A decision framework for the analysis of green supply chain contracts: An evolutionary game approach [J]. *Expert Systems with Applications*, 2012, 39 (3): 2965 - 2976.

[204] 徐大伟, 涂少云, 常亮, 等. 基于演化博弈的流域生态补偿利益冲突分析 [J]. 中国人口·资源与环境, 2012 (2) 8 - 14.

[205] 郭本海, 方志耕, 刘卿. 基于演化博弈的区域高耗能产业退出机

制研究 [J]. 中国管理科学, 2012 (4) 79 – 85.

[206] Tian, Y.. Govindan, K.. Zhu, Q.. A system dynamics model based on evolutionary game theory for green supply chain management diffusion among Chinese manufacturers [J]. *Journal of Cleaner Production*, 2014, 80 (1): 96 – 105.

[207] 张伟, 周根贵, 曹柬. 政府监管模式与企业污染排放演化博弈分析 [J]. 中国人口·资源与环境, 2014 (S3): 108 – 113.

[208] 王芹鹏, 赵道致, 何龙飞. 供应链企业碳减排投资策略选择与行为演化研究 [J]. 管理工程学报, 2014 (3): 181 – 189, 180.

[209] 张宏娟, 范如国. 基于复杂网络演化博弈的传统产业集群低碳演化模型研究 [J]. 中国管理科学, 2014 (12): 41 – 47.

[210] Xiao, Z. Jiang, J. Zhu, etc. A solution of dynamic VMs placement problem for energy consumption optimization based on evolutionary game theory [J]. *Journal of Systems and Software*, 2015 (101): 260 – 272.

[211] 郑君君, 闫龙, 张好雨, 等. 基于演化博弈和优化理论的环境污染群体性事件处置机制 [J]. 中国管理科学, 2015 (8): 168 – 176.

[212] 张国兴, 程素杰, 汪应洛. 消费者对不同排量汽车购买行为的演化研究 [J]. 中国管理科学, 2015 (8): 148 – 157.

[213] Zhao. R, Zhou. X. Han, J. Liu, C. For the sustainable performance of the carbon reduction labeling policies under an evolutionary game simulation [J]. *Technological Forecasting and Social Change*, 2016 (112): 262 – 274.

[214] 艾欣, 韩晓男, 孙英云. 大型光伏电站并网特性及其低碳运行与控制技术 [J]. 电网技术, 2013, 37 (1): 15 – 23.

[215] 米松华. 我国低碳现代农业发展研究 [D]. 杭州: 浙江大学, 2013.

[216] 李涛. 资源约束下中国碳减排与经济增长的双赢绩效研究——基于非径向 DEA 方法 RAM 模型的测度 [J]. 经济学 (季刊), 2013, 12 (2): 667 – 692.

[217] 金培振, 张亚斌, 彭星. 技术进步在二氧化碳减排中的双刃效应——基于中国工业 35 个行业的经验证据 [J]. 科学学研究, 2014, 32 (5): 706 – 716.

[218] 王立平, 丁辉. 基于委托—代理关系的低碳技术创新激励机制研究 [J]. 山东大学学报 (哲学社会科学版), 2015 (1): 73 – 80.

［219］Xu X. P. ，He P. ，Xu H. ，et al. Supply chain coordination with green technology under cap-and-trade regulation ［J］. *International Journal of Production Economics*，2017，183（B）：433 – 442.

［220］龙飞，祁慧博，刘笑萍，等 . 碳税情景下企业碳减排技术创新的响应机理与系统仿真［J］. 技术经济，2016，35（8）：92 – 98.

［221］Saberi S. ，Cruz J. M. ，Sarkis J. ，etc. A competitive multiperiod supply chain network model with freight carriers and green technology investment option ［J］. *European Journal of Operational Research*，2018，266（3）：934 – 949.

［222］杨仕辉，翁蔚哲 . 气候政策的微分博弈及其环境效应分析［J］. 国际经贸探索，2013，29（5）：39 – 51.

［223］赵道致，原白云，徐春明 . 低碳供应链纵向合作减排的动态优化［J］. 控制与决策，2014，29（7）：1340 – 1344.

［224］Bertinelli L. ，Camacho C. ，Zou B. T. . Carbon capture and storage and transboundary pollution：A differential game approach ［J］. *European Journal of Operational Research*，2014，237（2）：721 – 728.

［225］徐春秋，赵道致，原白云，等 . 上下游联合减排与低碳宣传的微分博弈模型［J］. 管理科学学报，2016，19（2）：53 – 65.

［226］Zu Y. F. ，Chen L. H. ，Fan Y. . Research on low-carbon strategies in supply chain with environmental regulations based on differential game ［J］. *Journal of Cleaner Production*，2018（177）：527 – 546.

［227］黄欣 . 基于微分博弈理论的地区间减排策略研究［D］. 合肥：中国科学技术大学，2017.

［228］叶同，关志民，陶瑾，等 . 考虑消费者低碳偏好和参考低碳水平效应的供应链联合减排动态优化与协调［J］. 中国管理科学，2017，25（10）：52 – 61.

［229］赵黎明，陈喆芝，刘嘉玥 . 基于微分对策的政企合作低碳策略［J］. 系统工程，2016，34（1）：84 – 90.

［230］唐丽敏，曾颖 . 基于系统动力学的物流节能减排政策模拟［J］. 系统工程，2013（6）：91 – 92.

［231］冯亚萍 . 江西省物流业碳排放波动及影响因素研究［D］. 南昌：华东交通大学，2013.